하루 한 장으로
규칙적인 수학 습관을 기르자!

한장수학

중학 수학 3(하)

| 기획 및 개발 |

박문서 윤미선 최다인 강성희 남현수 정윤원

| 집필 및 검토 |

강해기(배재중) 김민정(관악고)

| 검토 |

정란(옥정중) 황정하(남서울중)

교재 정답지, 정오표 서비스 및 내용 문의 ┃ EBS 중학 사이트 ➔ 교재학습자료 ➔ 교재 / 서비스 메뉴

세상에 없던 새로운 공부법
EBS 중학

EBS 중학 뉴런

중학 공부는
이 책 한권으로
완성 !

전체 단원 100%
무료강의 제공 !

교과서가 달라도 ~
공부의 기본은 뉴런 !

무료강의가 있으니까
혼자 공부해도 충분

세상에 없던 새로운 공부법
EBS 중학 뉴런

국어 3

영어 3

수학 3(상)

과학 3

사회 ②

역사 ②

하루 한 장으로
규칙적인 수학 습관을 기르자!

한 장 수학

중학 **수학** 3(하)

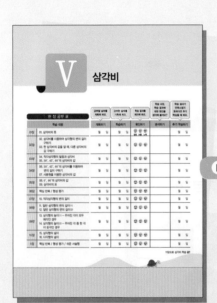

▶ 한 장 공부 표

학습할 개념의 흐름을 파악한 후 한 장 공부 표를 활용하여 학습량을 계획하고 공부한 날짜를 기록해 보아요.

개념 학습하기

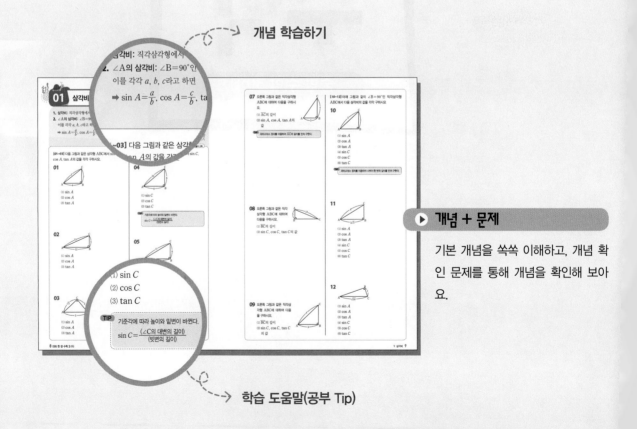

▶ 개념 + 문제

기본 개념을 쏙쏙 이해하고, 개념 확인 문제를 통해 개념을 확인해 보아요.

▶ 학습 도움말(공부 Tip)

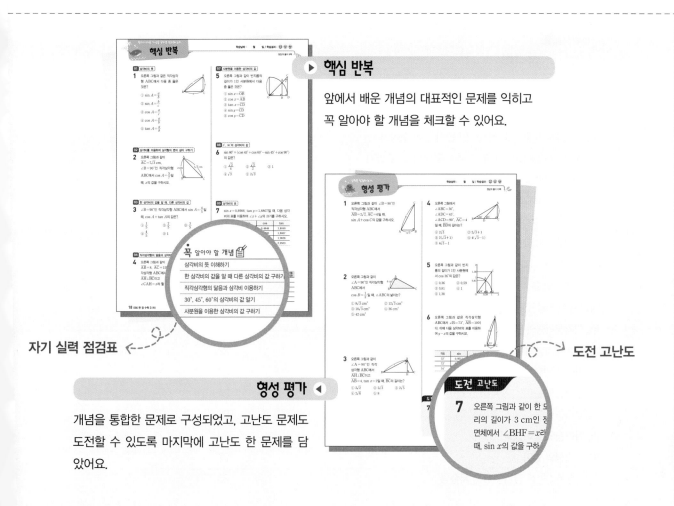

자기 실력 점검표

▶ **핵심 반복**

앞에서 배운 개념의 대표적인 문제를 익히고
꼭 알아야 할 개념을 체크할 수 있어요.

도전 고난도

형성 평가 ◀

개념을 통합한 문제로 구성되었고, 고난도 문제도
도전할 수 있도록 마지막에 고난도 한 문제를 담
았어요.

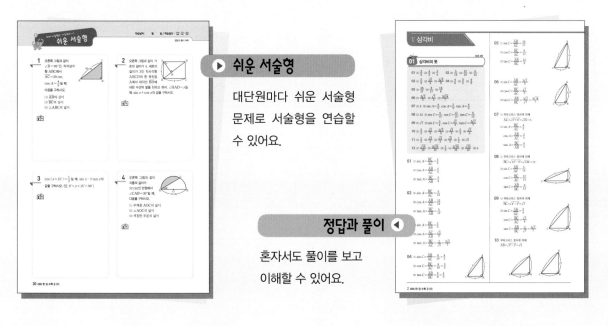

▶ **쉬운 서술형**

대단원마다 쉬운 서술형
문제로 서술형을 연습할
수 있어요.

정답과 풀이 ◀

혼자서도 풀이를 보고
이해할 수 있어요.

이 책의 **차례**

Contents

V 삼각비

VI 원의 성질

VII 통계

Application

1 하루 한 장! 수학은 규칙적으로 꾸준히 공부하자.

한 장 공부 표를 이용하여 매일 한 장씩 공부 계획을 세우고, 공부한 날짜 및 학습결과를 체크하면서 공부하는 습관을 들여요. 문제의 난이도는 낮추고 학습할 분량을 줄여서 부담 없이 공부할 수 있도록 구성하였기 때문에 어려움 없이 학습할 수 있습니다. 수학은 매일매일 꾸준히 공부하는 습관이 가장 중요한 거 아시죠? **한 장 수학**을 통해 수학 공부 습관을 길러 보세요.

2 단기간에 빠르게 끝내고 싶다면 하루 두 장! 또는 하루 세 장!

개념과 문제가 한 장씩 끊어지도록 구성되어 있는 교재입니다. 단기간에 책 한 권을 끝내고 싶다면 쉬운 난이도의 교재이기 때문에 하루 두 장, 또는 하루 세 장 분량의 학습량을 정하여 공부하는 것도 좋은 방법입니다. 처음부터 두 장 이상의 학습량이 부담스럽다면 처음에는 한 장씩 학습하여 매일 공부 습관을 기르고 점차 학습량을 늘리는 것도 방법이지요.

3 학습 결과를 분석하여 부족한 개념은 다시 복습한다.

핵심 반복, 형성 평가의 문제를 풀고 틀린 문제의 개념은 다시 복습해야 합니다. 수학은 틀린 문제의 개념이 무엇인지 파악하고 다시 복습하여 그 개념을 확실히 이해해야 다음에 비슷한 문제가 나와도 틀리지 않기 때문에 복습이 무엇보다 중요한 것 잊지 마세요.

V

삼각비

	한 장 공부 표	계획하기 (공부할 날짜를 계획해 봐요.)		학습하기 (공부한 날짜를 기록해 봐요.)		확인하기 (학습 결과를 체크해 봐요.)	분석하기 (학습 과정, 학습 결과에 대한 원인을 생각해 볼까요?)	추가 학습하기 (학습 결과가 만족스럽지 못하다면 추가 학습을 해 봐요.)	
	학습 내용	계획하기		학습하기		확인하기	분석하기	추가 학습하기	
01장	01. 삼각비의 뜻	월	일	월	일	☺ ☹ ☹ 잘함 보통 노력		월	일
02장	02. 삼각비를 이용하여 삼각형의 변의 길이 구하기 03. 한 삼각비의 값을 알 때, 다른 삼각비의 값 구하기	월	일	월	일	☺ ☹ ☹		월	일
03장	04. 직각삼각형의 닮음과 삼각비 05. 30°, 45°, 60°의 삼각비의 값	월	일	월	일	☺ ☹ ☹		월	일
04장	06. 30°, 45°, 60°의 삼각비를 이용하여 변의 길이 구하기 07. 사분원을 이용한 삼각비의 값	월	일	월	일	☺ ☹ ☹		월	일
05장	08. 0°, 90°의 삼각비의 값 09. 삼각비의 표	월	일	월	일	☺ ☹ ☹		월	일
06장	핵심 반복 / 형성 평가	월	일	월	일	☺ ☹ ☹		월	일
07장	10. 직각삼각형의 변의 길이	월	일	월	일	☺ ☹ ☹		월	일
08장	11. 일반 삼각형의 변의 길이(1) 12. 일반 삼각형의 변의 길이(2)	월	일	월	일	☺ ☹ ☹		월	일
09장	13. 삼각형의 높이(1) – 주어진 각이 모두 예각인 경우 14. 삼각형의 높이(2) – 주어진 각 중 한 각이 둔각인 경우	월	일	월	일	☺ ☹ ☹		월	일
10장	15. 삼각형의 넓이 16. 다각형의 넓이	월	일	월	일	☺ ☹ ☹		월	일
11장	핵심 반복 / 형성 평가 / 쉬운 서술형	월	일	월	일	☺ ☹ ☹		월	일

11장으로 삼각비 학습 끝!!

01 삼각비의 뜻

1. 삼각비: 직각삼각형에서 두 변의 길이의 비

2. ∠A의 삼각비: ∠B=90°인 직각삼각형 ABC에서 ∠A, ∠B, ∠C의 대변의 길이를 각각 a, b, c라고 하면

➡ $\sin A = \dfrac{a}{b}$, $\cos A = \dfrac{c}{b}$, $\tan A = \dfrac{a}{c}$

$\sin A$에서 s를, $\cos A$에서 c를, $\tan A$에서 t를 연관시켜 생각한다.

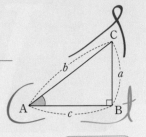

정답과 풀이 2쪽

[01~03] 다음 그림과 같은 삼각형 ABC에서 $\sin A$, $\cos A$, $\tan A$의 값을 각각 구하시오.

01

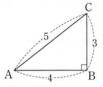

(1) $\sin A$

(2) $\cos A$

(3) $\tan A$

02

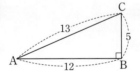

(1) $\sin A$

(2) $\cos A$

(3) $\tan A$

03

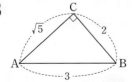

(1) $\sin A$

(2) $\cos A$

(3) $\tan A$

[04~06] 다음 그림과 같은 삼각형 ABC에서 $\sin C$, $\cos C$, $\tan C$의 값을 각각 구하시오.

04

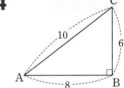

(1) $\sin C$

(2) $\cos C$

(3) $\tan C$

> **TIP** 기준각에 따라 높이와 밑변이 바뀐다.
>
> $\sin C = \dfrac{(\angle C\text{의 대변의 길이})}{(\text{빗변의 길이})}$

05

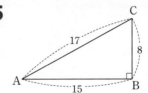

(1) $\sin C$

(2) $\cos C$

(3) $\tan C$

06

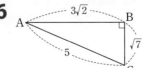

(1) $\sin C$

(2) $\cos C$

(3) $\tan C$

07 오른쪽 그림과 같은 직각삼각형 ABC에 대하여 다음을 구하시오.

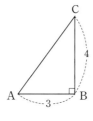

(1) $\overline{AC}$의 길이

(2) $\sin A$, $\cos A$, $\tan A$의 값

> **TIP** 피타고라스 정리를 이용하여 $\overline{AC}$의 길이를 먼저 구한다.

08 오른쪽 그림과 같은 직각삼각형 ABC에 대하여 다음을 구하시오.

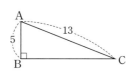

(1) $\overline{BC}$의 길이

(2) $\sin C$, $\cos C$, $\tan C$의 값

09 오른쪽 그림과 같은 직각삼각형 ABC에 대하여 다음을 구하시오.

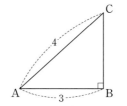

(1) $\overline{BC}$의 길이

(2) $\sin C$, $\cos C$, $\tan C$의 값

[10~12] 아래 그림과 같이 $\angle B = 90°$인 직각삼각형 ABC에서 다음 삼각비의 값을 각각 구하시오

10

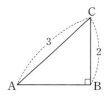

(1) $\sin A$

(2) $\cos A$

(3) $\tan A$

(4) $\sin C$

(5) $\cos C$

(6) $\tan C$

> **TIP** 피타고라스 정리를 이용하여 나머지 한 변의 길이를 먼저 구한다.

11

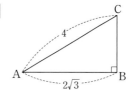

(1) $\sin A$

(2) $\cos A$

(3) $\tan A$

(4) $\sin C$

(5) $\cos C$

(6) $\tan C$

12

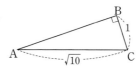

(1) $\sin A$

(2) $\cos A$

(3) $\tan A$

(4) $\sin C$

(5) $\cos C$

(6) $\tan C$

02 삼각비를 이용하여 삼각형의 변의 길이 구하기

직각삼각형에서 한 변의 길이와 삼각비의 값이 주어지면 나머지 두 변의 길이를 구할 수 있다.

예 오른쪽 그림과 같은 직각삼각형 ABC에서 $\overline{AB}$의 길이와 $\cos B$의 값이 주어지면

(1) $\cos B = \dfrac{\overline{BC}}{c}$ 임을 이용하여 $\overline{BC}$의 길이를 구한다. ⟶ $\sin B$의 값이 주어지면

(2) 피타고라스 정리를 이용하여 $\overline{AC}$의 길이를 구한다. $\sin B = \dfrac{\overline{AC}}{c}$ 임을 이용하여 $\overline{AC}$의 길이를 구한다.

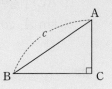

정답과 풀이 3쪽

---

01 다음은 오른쪽 그림과 같은 직각삼각형에서 $\cos B = \dfrac{1}{2}$일 때, $\overline{AC}$의 길이를 구하는 과정이다. ☐ 안에 알맞은 수를 쓰시오.

$\cos B = \dfrac{\overline{BC}}{\Box} = \dfrac{1}{2}$이므로

$\overline{BC} = \Box$

피타고라스 정리에 의해

$\overline{AC} = \sqrt{6^2 - \Box^2} = \Box$

---

02 다음은 오른쪽 그림과 같은 직각삼각형 ABC에서 $\sin A = \dfrac{2}{3}$일 때, $\overline{AB}$의 길이를 구하는 과정이다. ☐ 안에 알맞은 수를 쓰시오.

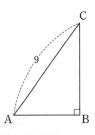

$\sin A = \dfrac{\overline{BC}}{\Box} = \dfrac{2}{3}$이므로

$\overline{BC} = \Box$

피타고라스 정리에 의해

$\overline{AB} = \sqrt{9^2 - \Box^2} = \Box$

[03~05] 다음 그림과 같이 한 변의 길이와 삼각비의 값이 주어진 직각삼각형 ABC에서 x, y의 값을 각각 구하시오.

03 $\sin A = \dfrac{\sqrt{2}}{2}$

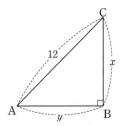

TIP $\sin A$의 값을 이용하여 x의 값을 먼저 구한 후 피타고라스 정리를 이용하여 y의 값을 구한다

04 $\cos A = \dfrac{\sqrt{5}}{3}$

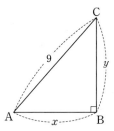

05 $\tan A = \dfrac{2}{3}$

03 한 삼각비의 값을 알 때, 다른 삼각비의 값 구하기

학습날짜 :   월   일 / 학습결과 :

삼각비 중 어느 하나의 값을 알 때, 다른 삼각비의 값은 다음 순서대로 구한다.
❶ 주어진 삼각비의 값을 갖는 직각삼각형을 그린다.
❷ 피타고라스 정리를 이용하여 나머지 한 변의 길이를 구한다.
❸ 다른 삼각비의 값을 구한다.

정답과 풀이 4쪽

01 다음은 $\sin A = \dfrac{1}{2}$일 때, $\cos A$, $\tan A$의 값을 구하는 과정이다. □ 안에 알맞은 수를 쓰시오.

> 오른쪽 그림과 같이
> $\sin A = \dfrac{1}{2}$인 직각삼각형
> 을 그리면
> $$\overline{AB} = \sqrt{\boxed{}^2 - 1^2}$$
> $$\quad = \sqrt{\boxed{}}$$
> $$\cos A = \frac{\overline{AB}}{\overline{AC}} = \frac{\boxed{}}{2}$$
> $$\tan A = \frac{\overline{BC}}{\overline{AB}} = \frac{\sqrt{3}}{\boxed{}}$$

02 다음은 $\tan A = \dfrac{1}{2}$일 때, $\sin A$, $\cos A$의 값을 구하는 과정이다. □ 안에 알맞은 수를 쓰시오.

> 오른쪽 그림과 같이
> $\tan A = \dfrac{1}{2}$인 직각삼각
> 형을 그리면
> $$\overline{AC} = \sqrt{\boxed{}^2 + 1^2}$$
> $$\quad = \sqrt{\boxed{}}$$
> $$\sin A = \frac{\overline{BC}}{\overline{AC}} = \frac{\boxed{}}{5}$$
> $$\cos A = \frac{\overline{AB}}{\overline{AC}} = \frac{\boxed{}}{5}$$

[03~06] ∠B=90°인 직각삼각형 ABC에서 다음 삼각비의 값을 각각 구하시오.

03 $\sin A = \dfrac{3}{5}$일 때, $\cos A$, $\tan A$

> **TIP** 먼저 주어진 삼각비의 값을 갖는 직각삼각형을 그린다.

04 $\cos A = \dfrac{1}{3}$일 때, $\sin A$, $\tan A$

05 $\tan A = 2$일 때, $\sin A$, $\cos A$

06 $\sin A = \dfrac{\sqrt{6}}{3}$일 때, $\cos A$, $\tan A$

04 직각삼각형의 닮음과 삼각비

직각삼각형의 닮음을 이용하여 삼각비의 값을 구할 때에는 다음과 같은 순서로 한다.

❶ 크기가 같은 각을 찾는다.

∠ABC=∠HAC, ∠BCA=∠BAH

❷ 크기가 같은 각을 이용하여 삼각비의 값을 구한다.

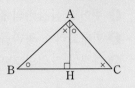

정답과 풀이 5쪽

01 오른쪽 그림과 같은 직각삼각형 ABC에서 $\overline{AD}\perp\overline{BC}$이면

∠B=∠DAC=∠x

이다. 다음 □ 안에 알맞은 선분을 쓰시오.

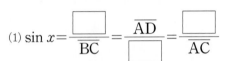

(1) $\sin x = \dfrac{\boxed{}}{\overline{BC}} = \dfrac{\overline{AD}}{\boxed{}} = \dfrac{\boxed{}}{\overline{AC}}$

(2) $\cos x = \dfrac{\boxed{}}{\overline{BC}} = \dfrac{\boxed{}}{\overline{AB}} = \dfrac{\overline{AD}}{\boxed{}}$

(3) $\tan x = \dfrac{\overline{AC}}{\boxed{}} = \dfrac{\overline{AD}}{\boxed{}} = \dfrac{\boxed{}}{\overline{AD}}$

[02~03] 아래 그림과 같은 직각삼각형 ABC에서 $\overline{AH}\perp\overline{BC}$일 때, 다음을 구하시오.

02

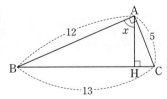

(1) △ABC에서 ∠x와 크기가 같은 각

(2) $\sin x$의 값

(3) $\cos x$의 값

(4) $\tan x$의 값

03

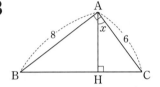

(1) $\overline{BC}$의 길이

(2) △ABC에서 ∠x와 크기가 같은 각

(3) $\sin x$의 값

(4) $\cos x$의 값

(5) $\tan x$의 값

[04~06] 아래 그림과 같은 직각삼각형 ABC에서 $\overline{AH}\perp\overline{BC}$일 때, 다음을 구하시오.

04 $\cos x + \sin y$의 값

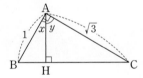

05 $\sin x + \sin y$의 값

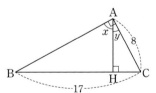

06 $\tan x \times \cos y$의 값

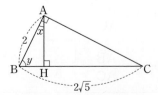

05 30°, 45°, 60°의 삼각비의 값

30°, 45°, 60°의 삼각비의 값은 다음 표와 같다.

삼각비 \ A	30°	45°	60°
$\sin A$	$\dfrac{1}{2}$	$\dfrac{\sqrt{2}}{2}$	$\dfrac{\sqrt{3}}{2}$
$\cos A$	$\dfrac{\sqrt{3}}{2}$	$\dfrac{\sqrt{2}}{2}$	$\dfrac{1}{2}$
$\tan A$	$\dfrac{\sqrt{3}}{3}$	1	$\sqrt{3}$

 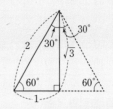

정답과 풀이 6쪽

[01~05] 다음을 계산하시오.

01 $\sin 30° + \cos 30°$

02 $\cos 45° - \sin 45°$

03 $\cos 60° + \tan 45°$

04 $\sin 30° \times \cos 60°$

05 $\tan 60° + \sin 60°$

[06~10] $0° < \angle A < 90°$일 때, 다음을 만족시키는 $\angle A$의 크기를 구하시오.

06 $\sin A = \dfrac{\sqrt{3}}{2}$

07 $\cos A = \dfrac{1}{2}$

08 $\tan A = 1$

09 $\sin A = \dfrac{\sqrt{2}}{2}$

10 $\tan A = \dfrac{\sqrt{3}}{3}$

특수한 각을 갖는 직각삼각형을 찾아 특수한 각의 삼각비의 값을 이용하여 변의 길이를 구한다.

1. 빗변의 길이를 알고 높이 구하기 ➡ sin 이용
2. 빗변의 길이를 알고 밑변의 길이 구하기 ➡ cos 이용
3. 밑변의 길이를 알고 높이 구하기 ➡ tan 이용

정답과 풀이 6쪽

01 다음은 오른쪽 그림과 같은 직각삼각형 ABC에서 $\overline{AB}$ 의 길이를 구하는 과정이다. □ 안에 알맞은 수를 쓰시오.

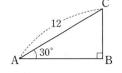

$$\cos 30° = \frac{\overline{AB}}{\boxed{}} \text{이므로}$$

$$\overline{AB} = \boxed{} \times \cos 30°$$

$$= \boxed{} \times \frac{\sqrt{3}}{2} = \boxed{}$$

[02~04] 삼각비의 값을 이용하여 다음 그림과 같은 직각삼각형 ABC에서 x의 값을 구하시오.

02

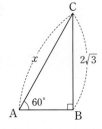

TIP $\sin 60° = \dfrac{\sqrt{3}}{2} = \dfrac{\overline{BC}}{\overline{AC}}$임을 이용하여 x의 값을 구한다.

03

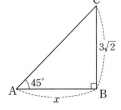

04

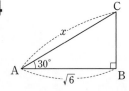

05 오른쪽 그림에서 삼각비 의 값을 이용하여 다음을 구하시오.

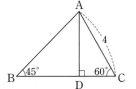

(1) $\overline{AD}$의 길이
(2) $\overline{AB}$의 길이
(3) $\overline{DC}$의 길이
(4) $\overline{BC}$의 길이

[06~08] 삼각비의 값을 이용하여 다음 그림에서 x의 값을 구하시오.

06

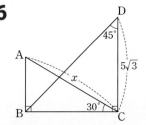

TIP 삼각비의 값을 이용하여 $\overline{BC}$의 길이를 먼저 구한 후 x의 값을 구한다.

07

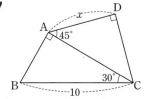

08

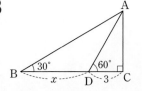

07 사분원을 이용한 삼각비의 값

오른쪽 그림과 같이 반지름의 길이가 1인 사분원에서 예각 x에 대하여

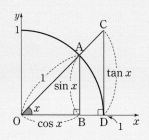

1. $\sin x = \dfrac{\overline{AB}}{\overline{OA}} = \dfrac{\overline{AB}}{1} = \overline{AB}$

2. $\cos x = \dfrac{\overline{OB}}{\overline{OA}} = \dfrac{\overline{OB}}{1} = \overline{OB}$

3. $\tan x = \dfrac{\overline{CD}}{\overline{OD}} = \dfrac{\overline{CD}}{1} = \overline{CD}$

정답과 풀이 7쪽

01 오른쪽 그림과 같이 반지름의 길이가 1인 사분원에서 다음 삼각비의 값을 나타내는 선분을 찾으시오.

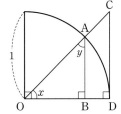

(1) $\sin x$

(2) $\cos x$

(3) $\tan x$

(4) $\sin y$

(5) $\cos y$

TIP 반지름의 길이가 1인 사분원에서 sin과 cos의 값은 빗변의 길이가 1인 직각삼각형을, tan의 값은 밑변의 길이가 1인 직각삼각형을 이용하여 구한다.

03 오른쪽 그림과 같이 반지름의 길이가 1인 사분원에서 다음 삼각비의 값을 구하시오.

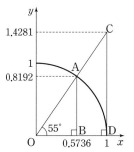

(1) $\sin 55°$

(2) $\cos 55°$

(3) $\tan 55°$

(4) $\sin 35°$

(5) $\cos 35°$

02 오른쪽 그림과 같이 반지름의 길이가 1인 사분원에서 다음 삼각비의 값을 구하시오.

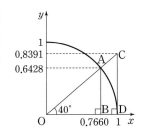

(1) $\sin 40°$

(2) $\cos 40°$

(3) $\tan 40°$

04 오른쪽 그림과 같이 반지름의 길이가 1인 사분원에서 다음 삼각비의 값을 구하시오.

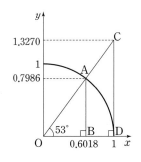

(1) $\sin 53°$

(2) $\cos 53°$

(3) $\tan 53°$

(4) $\sin 37°$

(5) $\cos 37°$

0°, 90°의 삼각비의 값은 다음 표와 같다.

각도	sin	cos	tan
0°	0	1	0
90°	1	0	정할 수 없다.

정답과 풀이 8쪽

[01~06] 다음을 계산하시오.

01 $\sin 0° + \cos 0°$

02 $\tan 0° + \cos 90°$

03 $\sin 90° - \cos 0°$

04 $\cos 90° \times \tan 0°$

05 $\sin 0° + \cos 0° + \tan 0°$

06 $\sin 90° + \cos 90°$

[07~11] 다음을 계산하시오.

07 $\tan 45° + \cos 90°$

08 $\sin 90° - \cos 0° \times \tan 0°$

09 $\sin 90° \times 2 \cos 0° - \tan 45°$

10 $\sin 90° \times \cos 60° - \sqrt{3} \tan 30°$

11 $2(\sin 0° + \cos 0°) + \sqrt{3} \sin 60°$

09 삼각비의 표

1. 삼각비의 표: 0°에서 90°까지의 각을 1° 간격으로 나누어서 이들의 삼각비의 값을 반올림하여 소수점 아래 넷째 자리까지 나타낸 표

2. 삼각비의 표를 보는 방법: 삼각비의 표에서 가로줄과 세로줄이 만나는 곳의 수가 삼각비의 값이다.

예 cos 23°의 값은 삼각비의 표에서 23°의 가로줄과 cos의 세로줄이 만나는 곳의 수이다. 즉 오른쪽 표에서 cos 23°=0.9205

마찬가지로

sin 23°=0.3907, tan 23°=0.4245

각도	sin	cos	tan
⋮	⋮	⋮	⋮
23°	0.3907	0.9205	0.4245
⋮	⋮	⋮	⋮

정답과 풀이 8쪽

[01~06] 아래 삼각비의 표를 보고 다음 삼각비의 값을 구하시오.

각도	sin	cos	tan
24°	0.4067	0.9135	0.4452
25°	0.4226	0.9063	0.4663
26°	0.4384	0.8988	0.4877
27°	0.4540	0.8910	0.5095
28°	0.4695	0.8829	0.5317
29°	0.4848	0.8746	0.5543

01 sin 26°

02 sin 28°

03 cos 24°

04 cos 29°

05 tan 25°

06 tan 27°

[07~12] 아래 삼각비의 표를 보고 다음을 만족시키는 ∠x의 크기를 구하시오.

각도	sin	cos	tan
52°	0.7880	0.6157	1.2799
53°	0.7986	0.6018	1.3270
54°	0.8090	0.5878	1.3764
55°	0.8192	0.5736	1.4281
56°	0.8290	0.5592	1.4826

07 sin x=0.7986

08 cos x=0.5736

09 tan x=1.3764

10 tan x=1.4826

11 sin x=0.7880

12 cos x=0.6018

01 삼각비의 뜻

1 오른쪽 그림과 같은 직각삼각형 ABC에서 다음 중 옳은 것은?

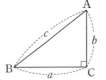

① $\sin A = \dfrac{a}{b}$

② $\sin A = \dfrac{b}{c}$

③ $\cos A = \dfrac{a}{c}$

④ $\cos A = \dfrac{a}{b}$

⑤ $\tan A = \dfrac{a}{b}$

02 삼각비를 이용하여 삼각형의 변의 길이 구하기

2 오른쪽 그림과 같이 $\overline{AC} = 7\sqrt{3}$ cm, $\angle B = 90°$인 직각삼각형 ABC에서 $\cos A = \dfrac{5}{7}$일 때, x의 값을 구하시오.

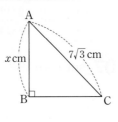

03 한 삼각비의 값을 알 때, 다른 삼각비의 값

3 $\angle B = 90°$인 직각삼각형 ABC에서 $\sin A = \dfrac{4}{5}$일 때, $\cos A \times \tan A$의 값은?

① $\dfrac{1}{5}$　　② $\dfrac{2}{5}$　　③ $\dfrac{3}{5}$

④ $\dfrac{4}{5}$　　⑤ 1

04 직각삼각형의 닮음과 삼각비

4 오른쪽 그림과 같이 $\overline{AB} = 8$, $\overline{AC} = 15$인 직각삼각형 ABC에서 $\overline{AH} \perp \overline{BC}$이고 $\angle CAH = x$라 할 때, $\sin x$의 값을 구하시오.

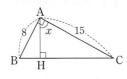

07 사분원을 이용한 삼각비의 값

5 오른쪽 그림과 같이 반지름의 길이가 1인 사분원에서 다음 중 옳은 것은?

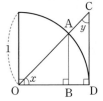

① $\sin x = \overline{OB}$

② $\cos x = \overline{AB}$

③ $\tan x = \overline{CD}$

④ $\sin y = \overline{CD}$

⑤ $\cos y = \overline{CD}$

08 $0°$, $90°$의 삼각비의 값

6 $\sin 60° \times (\cos 45° + \cos 60° - \sin 45° + \cos 90°)$의 값은?

① $\dfrac{\sqrt{3}}{4}$　　② $\dfrac{\sqrt{3}}{2}$　　③ 1

④ $\sqrt{3}$　　⑤ $2\sqrt{3}$

09 삼각비의 표

7 $\sin x = 0.8988$, $\tan y = 1.8807$일 때, 다음 삼각비의 표를 이용하여 $\angle x + \angle y$의 크기를 구하시오.

각도	sin	cos	tan
61°	0.8746	0.4848	1.8040
62°	0.8829	0.4695	1.8807
63°	0.8910	0.4540	1.9626
64°	0.8988	0.4384	2.0503

꼭 **알아야 할 개념** 📝

	1차	2차	시험 직전
삼각비의 뜻 이해하기			
한 삼각비의 값을 알 때 다른 삼각비의 값 구하기			
직각삼각형의 닮음과 삼각비 이용하기			
$30°$, $45°$, $60°$의 삼각비의 값 알기			
사분원을 이용한 삼각비의 값 구하기			

1 오른쪽 그림과 같이 ∠B=90°인 직각삼각형 ABC에서 $\overline{AB}=2\sqrt{2}$, $\overline{AC}=6$일 때, $\sin A + \cos C$의 값을 구하시오.

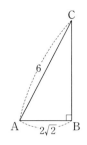

2 오른쪽 그림과 같이 ∠A=90°인 직각삼각형 ABC에서 $\cos B=\dfrac{1}{2}$일 때, △ABC의 넓이는?

① $8\sqrt{3}\ \text{cm}^2$　　② $12\sqrt{3}\ \text{cm}^2$

③ $18\sqrt{3}\ \text{cm}^2$　　④ $36\ \text{cm}^2$

⑤ $42\ \text{cm}^2$

3 오른쪽 그림과 같이 ∠A=90°인 직각 삼각형 ABC에서 $\overline{AH}\perp\overline{BC}$이고 $\overline{AB}=4$, $\tan x=2$일 때, $\overline{BC}$의 길이는?

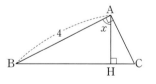

① $2\sqrt{2}$　　② $2\sqrt{3}$　　③ $2\sqrt{5}$

④ $2\sqrt{6}$　　⑤ 8

4 오른쪽 그림에서 ∠ABC=30°, ∠ADC=45°, ∠ACD=90°, $\overline{AC}=4$ 일 때, $\overline{BD}$의 길이는?

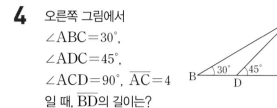

① $2\sqrt{3}$　　　　② $2\sqrt{3}+1$

③ $2(\sqrt{3}+1)$　　④ $4(\sqrt{3}-1)$

⑤ $4\sqrt{3}-1$

5 오른쪽 그림과 같이 반지름의 길이가 1인 사분원에서 $\cos 36°$의 값은?

① 0.36　　② 0.59

③ 0.81　　④ 1

⑤ 1.38

6 오른쪽 그림과 같은 직각삼각형 ABC에서 ∠B=73°, $\overline{AB}=10$이 다. 이때 다음 삼각비의 표를 이용하여 $y-x$의 값을 구하시오.

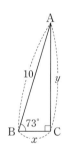

각도	sin	cos	tan
72°	0.9511	0.3090	3.0777
73°	0.9563	0.2924	3.2709
74°	0.9613	0.2756	3.4874

난 풀 수 있다. 고난도!!

도전 고난도

7 오른쪽 그림과 같이 한 모서 리의 길이가 3 cm인 정육 면체에서 ∠BHF=x라 할 때, $\sin x$의 값을 구하시오.

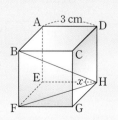

학습날짜 :   월   일 / 학습결과 :

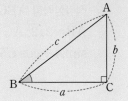

∠C=90°인 직각삼각형 ABC에서

1. ∠B의 크기와 빗변 AB의 길이 c를 알 때,

$a=c\cos B$, $b=c\sin B$

2. ∠B의 크기와 변 BC의 길이 a를 알 때,

$b=a\tan B$, $c=\dfrac{a}{\cos B}$

3. ∠B의 크기와 변 AC의 길이 b를 알 때,

$a=\dfrac{b}{\tan B}$, $c=\dfrac{b}{\sin B}$

참고 직각삼각형에서 한 예각의 크기와 한 변의 길이가 주어진 경우 sin , cos , tan를 이용하여 나머지 두 변의 길이를 구할 수 있다.

정답과 풀이 10쪽

01 오른쪽 그림과 같이 ∠C=90°인 직각삼각형 ABC에 대하여 다음 □ 안에 알맞은 것을 쓰시오.

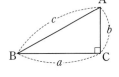

(1) $\sin B=\dfrac{b}{c}$ ➡ $b=$ ☐

(2) $\cos B=\dfrac{☐}{☐}$ ➡ $a=$ ☐

(3) $\tan B=\dfrac{☐}{☐}$ ➡ $b=$ ☐

(4) $\sin A=\dfrac{☐}{☐}$ ➡ $a=$ ☐

(5) $\cos A=\dfrac{☐}{☐}$ ➡ $b=$ ☐

(6) $\tan A=\dfrac{☐}{☐}$ ➡ $a=$ ☐

02 오른쪽 그림의 직각삼각형 ABC에 대하여 다음 □ 안에 알맞은 것을 쓰시오.

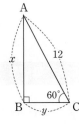

(1) $\sin 60°=\dfrac{x}{12}$이므로

$x=$ ☐ $\times \sin 60°=$ ☐

(2) $\cos 60°=\dfrac{y}{12}$이므로

$y=$ ☐ $\times \cos 60°=$ ☐

[03~05] 다음 그림과 같은 직각삼각형 ABC에서 주어진 삼각비의 값을 이용하여 x, y의 값을 각각 구하시오.

03

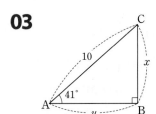

| sin 41°=0.66 |
| cos 41°=0.75 |

TIP 주어진 각에 대하여 주어진 변과 구하는 변이
① 빗변과 높이이면 sin
② 빗변과 밑변이면 cos
③ 밑변과 높이이면 tan
를 이용한다.

04

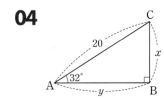

| sin 32°=0.53 |
| cos 32°=0.85 |

05

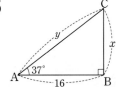

| sin 37°=0.6 |
| cos 37°=0.8 |
| tan 37°=0.75 |

[06~09] 주어진 삼각비의 값을 이용하여 다음을 구하시오.

06 탑의 높이 $\overline{BC}$

(단, $\sin 55° = 0.82$, $\cos 55° = 0.57$, $\tan 55° = 1.43$으로 계산한다.)

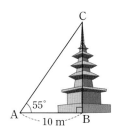

07 건물의 높이 $\overline{BC}$

(단, $\sin 36° = 0.59$, $\cos 36° = 0.81$, $\tan 36° = 0.73$으로 계산한다.)

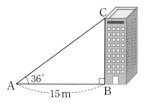

08 배가 있는 곳까지 수평 거리 $\overline{BC}$

(단, $\sin 55° = 0.82$, $\cos 55° = 0.57$, $\tan 55° = 1.43$으로 계산한다.)

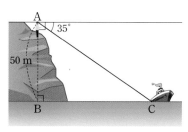

09 건물의 높이 $\overline{BC}$

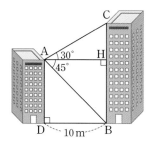

[10~12] 주어진 삼각비의 값을 이용하여 다음을 구하시오.

10 나무의 높이 $\overline{CH}$

(단, $\sin 48° = 0.74$, $\cos 48° = 0.67$, $\tan 48° = 1.11$로 계산한다.)

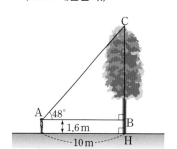

TIP 나무의 높이 $\overline{CH}$는 $\overline{BH} + \overline{BC}$이다.

11 열기구의 높이 $\overline{BH}$

(단, $\sin 52° = 0.79$, $\cos 52° = 0.62$, $\tan 52° = 1.28$로 계산한다.)

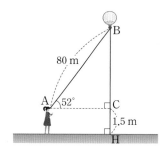

12 지면에 수직으로 서 있던 나무가 바람에 부러져서 다음 그림과 같이 꼭대기 부분이 지면에 닿아 있다. $\overline{BC} = 12$ m, $\angle C = 30°$일 때, 부러지기 전의 나무의 높이를 구하시오.

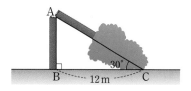

두 변의 길이와 그 끼인각의 크기를 알 때, 다음과 같이 나머지 한 변의 길이를 구할 수 있다.

$\overline{AB}=c$, $\overline{BC}=a$, $\angle B$의 크기를 알 때

❶ 점 A에서 $\overline{BC}$에 수선의 발 H를 내린다.

❷ △ABH에서 $\overline{AH}=c \sin B$, $\overline{BH}=c \cos B$

❸ $\overline{CH}=\overline{BC}-\overline{BH}=a-c \cos B$

❹ $\overline{AC}=\sqrt{\overline{AH}^2+\overline{CH}^2}=\sqrt{(c \sin B)^2+(a-c \cos B)^2}$

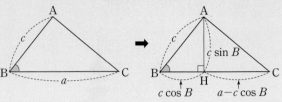

정답과 풀이 12쪽

01 다음은 오른쪽 그림의 △ABC에서 $\overline{AC}$의 길이를 구하는 과정이다. □ 안에 알맞은 수를 쓰시오.

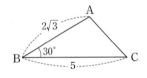

점 A에서 $\overline{BC}$에 내린 수선의 발을 H라 하면

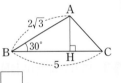

$\overline{AH}=\boxed{} \sin 30° =\boxed{}$

$\overline{BH}=\boxed{} \cos 30° =\boxed{}$

이때 $\overline{CH}=\overline{BC}-\overline{BH}=\boxed{}$이므로

$\overline{AC}=\sqrt{(\sqrt{3})^2+\boxed{}^2}=\boxed{}$

02 오른쪽 그림과 같이 두 변의 길이와 그 끼인각의 크기가 주어진 삼각형 ABC에서 $\overline{AH} \perp \overline{BC}$일 때, 다음을 구하시오.

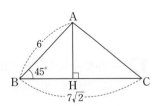

(1) $\overline{AH}$의 길이

(2) $\overline{BH}$의 길이

(3) $\overline{CH}$의 길이

(4) $\overline{AC}$의 길이

[03~05] 다음 그림과 같은 삼각형 ABC에서 x의 값을 구하시오.

03

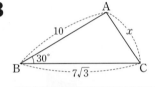

TIP 점 A에서 $\overline{BC}$에 수선을 그어 한 내각의 크기가 30°인 직각삼각형을 만든다.

04

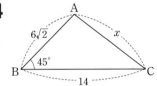

05

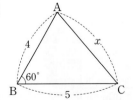

한 변의 길이와 그 양 끝 각의 크기를 알 때, 다음과 같이 나머지 두 변의 길이를 구할 수 있다.

❶ 점 C에서 $\overline{AB}$에 수선의 발 H를 내린다.

❷ ∠BHC=90°인 직각삼각형 △BCH에서 $\overline{CH}=a \sin B$

❸ ∠AHC=90°인 직각삼각형 △AHC에서

　∠A=180°-(∠B+∠C)

❹ $\sin A=\dfrac{\overline{CH}}{\overline{AC}}$ ➡ $\overline{AC}=\dfrac{\overline{CH}}{\sin A}=\dfrac{a \sin B}{\sin A}$

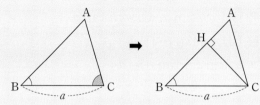

정답과 풀이 12쪽

01 다음은 오른쪽 그림의 △ABC 에서 $\overline{AC}$의 길이를 구하는 과정이다. □ 안에 알맞은 수를 쓰시오.

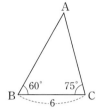

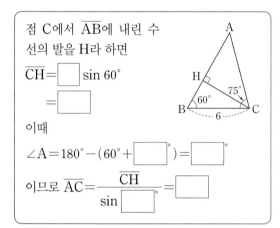

점 C에서 $\overline{AB}$에 내린 수선의 발을 H라 하면

$\overline{CH}=$ □ $\sin 60°$

　　　= □

이때

∠A=180°-(60°+ □ °)= □ °

이므로 $\overline{AC}=\dfrac{\overline{CH}}{\sin □ °}=$ □

[03~05] 다음 그림과 같은 삼각형 ABC에서 x의 값을 구하시오.

03

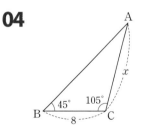

TIP 점 C에서 $\overline{AC}$에 수선을 그어 한 내각의 크기가 60°인 직각삼각형을 만든다.

04

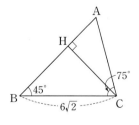

02 오른쪽 그림과 같이 한 변의 길이와 그 양 끝 각의 크기가 주어진 삼 각형 ABC에서 $\overline{CH}⊥\overline{AB}$일 때, 다음 을 구하시오.

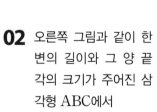

(1) $\overline{CH}$의 길이

(2) ∠A의 크기

(3) $\overline{AC}$의 길이

05

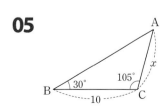

△ABC에서 $\overline{BC}$의 길이와 ∠B, ∠C의 크기를 알 때,

❶ $\overline{BH}=h\tan x$, $\overline{CH}=h\tan y$

❷ $\overline{BH}+\overline{CH}=a$이므로

$h(\tan x+\tan y)=a$

$\therefore h=\dfrac{a}{\tan x+\tan y}$

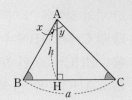

참고 △ABH에서 ∠$x=90°-$∠B

　　　△AHC에서 ∠$y=90°-$∠C

정답과 풀이 14쪽

01 다음은 오른쪽 그림과 같은 △ABC에서 $\overline{AH}$의 길이를 구하는 과정이다. □ 안에 알맞은 수를 쓰시오.

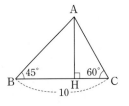

$\overline{AH}=h$라 하면

∠BAH=□°, ∠CAH=□°이므로

$\overline{BH}=h\tan$□°

$\overline{CH}=h\tan$□°

이때 $\overline{BC}=\overline{BH}+\overline{CH}=h+\dfrac{□}{□}h=10$

이므로

$h=$□

따라서 $\overline{AH}$의 길이는 □이다.

02 오른쪽 그림과 같은 삼각형 ABC에서 $\overline{AH}\perp\overline{BC}$일 때, 물음에 답하시오.

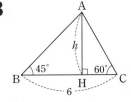

(1) △ABH에서 $\overline{BH}$의 길이를 h를 사용하여 나타내시오.

(2) △AHC에서 $\overline{CH}$의 길이를 h를 사용하여 나타내시오.

(3) $\overline{AH}$의 길이를 구하시오.

[03~05] 다음 그림과 같은 삼각형 ABC에서 높이 h를 구하시오.

03

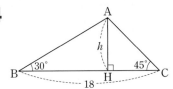

04

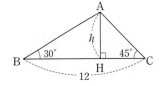

05

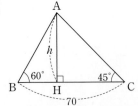

14 삼각형의 높이(2) – 주어진 각 중 한 각이 둔각인 경우

학습날짜 : 월 일 / 학습결과 :

△ABC에서 $\overline{BC}$의 길이와 ∠B, ∠ACH의 크기를 알 때,

❶ $\overline{BH}=h\tan x$, $\overline{CH}=h\tan y$

❷ $\overline{BH}-\overline{CH}=a$이므로

$h(\tan x-\tan y)=a$

∴ $h=\dfrac{a}{\tan x-\tan y}$

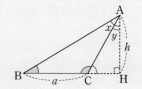

참고 △ABH에서 ∠$x=90°-∠B$

△ACH에서 ∠$y=90°-∠ACH$

정답과 풀이 15쪽

01 다음은 오른쪽 그림과 같은 △ABC에서 $\overline{AH}$의 길이를 구하는 과정이다. □ 안에 알맞은 수를 쓰시오.

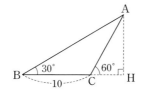

$\overline{AH}=h$라 하면

∠BAH=□°, ∠CAH=□°이므로

$\overline{BH}=h\tan$ □°

$\overline{CH}=h\tan$ □°

이때 $\overline{BC}=\overline{BH}-\overline{CH}=\sqrt{3}h-\dfrac{□}{□}h=10$

이므로

$h=$ □

따라서 $\overline{AH}$의 길이는 □이다.

02 오른쪽 그림과 같은 삼각형 ABC의 꼭짓점 A에서 $\overline{BC}$의 연장선에 내린 수선의 발을 H라고 할 때, 물음에 답하시오.

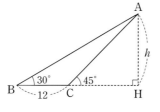

(1) $\overline{BH}$의 길이를 h를 사용하여 나타내시오.

(2) $\overline{CH}$의 길이를 h를 사용하여 나타내시오.

(3) $\overline{AH}$의 길이를 구하시오.

[03~05] 다음 그림과 같은 삼각형 ABC에서 높이 h를 구하시오.

03

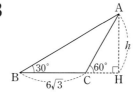

04

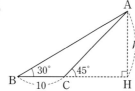

05

△ABC에서 두 변의 길이 a, c와 그 끼인각 ∠B의 크기를 알 때, △ABC의 높이 h와 넓이 S는 다음과 같이 구한다.

1. ∠B가 예각인 경우

  (1) $h = \overline{AH} = c \sin B$

  (2) $S = \triangle ABC$

    $= \dfrac{1}{2}ac \sin B$

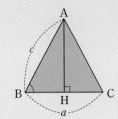

2. ∠B가 둔각인 경우

  (1) $h = \overline{AH} = c \sin(180° - B)$

  (2) $S = \triangle ABC$

    $= \dfrac{1}{2}ac \sin(180° - B)$

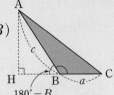

정답과 풀이 16쪽

[01~02] 다음은 △ABC의 넓이를 구하는 과정이다. □ 안에 알맞은 수를 쓰시오.

01

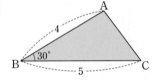

$$\triangle ABC = \frac{1}{2} \times 5 \times \boxed{} \times \sin 30°$$

$$= \frac{1}{2} \times 5 \times \boxed{} \times \frac{\boxed{}}{\boxed{}}$$

$$= \boxed{}$$

02

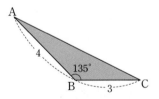

$$\triangle ABC$$

$$= \frac{1}{2} \times 4 \times \boxed{} \times \sin(180° - 135°)$$

$$= \frac{1}{2} \times 4 \times \boxed{} \times \frac{\boxed{}}{\boxed{}}$$

$$= \boxed{}$$

[03~06] 다음 그림과 같은 삼각형 ABC의 넓이를 구하시오.

03

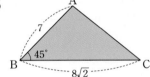

04

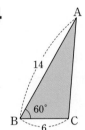

05

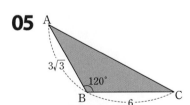

> **TIP** ∠B가 둔각일 때 삼각형의 넓이는 $\sin(180° - B)$를 이용하여 구한다.

06

16 다각형의 넓이

1. 다각형의 넓이는 보조선을 그어 여러 개의 삼각형으로 나누어 삼각형의 넓이의 합으로 구한다.

$$□ABCD = △ABC + △ADC$$
$$= \frac{1}{2}ab \sin B + \frac{1}{2}cd \sin D \text{ (단, } ∠B, ∠D\text{는 예각)}$$

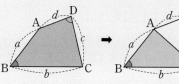

2. 평행사변형 ABCD에서

(1) ∠B가 예각일 때, □ABCD = $ab \sin B$

(2) ∠B가 둔각일 때, □ABCD = $ab \sin (180° - B)$

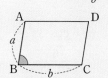 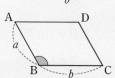

정답과 풀이 16쪽

01 오른쪽 그림과 같은 □ABCD에서 다음을 구하시오.

(1) △ABC의 넓이

(2) △ACD의 넓이

(3) □ABCD의 넓이

[04~06] 다음 그림과 같은 평행사변형 ABCD의 넓이를 구하시오.

04

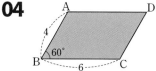

[02~03] 다음 그림과 같은 사각형 ABCD의 넓이를 구하시오.

02

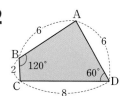

> **TIP** 보조선을 그어 2개의 삼각형으로 나누어 삼각형의 넓이의 합을 구한다.

05

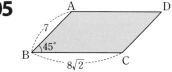

03

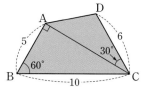

> **TIP** $\overline{AC}$의 길이를 구한 후 △ACD의 넓이를 구한다.

06

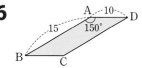

10 직각삼각형의 변의 길이

1 오른쪽 그림과 같은 직각 삼각형 ABC에서 $\overline{AC}=6$, $\angle B=35°$일 때, $\overline{BC}$의 길이를 나타내는 식은?

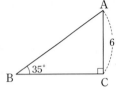

① $6\sin 35°$ ② $6\cos 35°$

③ $6\tan 35°$ ④ $\dfrac{6}{\sin 35°}$

⑤ $\dfrac{6}{\tan 35°}$

2 오른쪽 그림과 같이 진희가 나무로부터 12 m 떨어진 지점 A에서 나무 꼭대기 B를 올려본 각의 크기가 30°이다. 진희의 눈의 높이가 1.6 m일 때, 나무의 높이는?
(단, $\sqrt{3}=1.7$로 계산한다.)

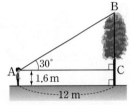

① 6.8 m ② 7.2 m ③ 7.6 m
④ 8.2 m ⑤ 8.4 m

11 일반 삼각형의 변의 길이(1)

3 오른쪽 그림과 같은 △ABC에서 $\angle B=45°$, $\overline{AB}=3\sqrt{2}$ cm, $\overline{BC}=7$ cm일 때, $\overline{AC}$의 길이를 구하시오.

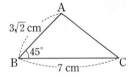

12 일반 삼각형의 변의 길이(2)

4 오른쪽 그림과 같은 △ABC에서 $\angle B=30°$, $\angle C=45°$, $\overline{AB}=4$ cm, $\overline{AC}=2\sqrt{2}$일 때, $\overline{BC}$의 길이를 구하시오.

13 삼각형의 높이(1) – 주어진 각이 모두 예각인 경우

5 오른쪽 그림과 같은 △ABC에서 $\overline{AH}\perp\overline{BC}$이고 $\angle B=45°$, $\angle C=30°$, $\overline{BC}=8$일 때, $\overline{AH}$의 길이를 구하시오.

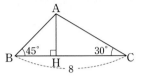

15 삼각형의 넓이

6 오른쪽 그림과 같은 △ABC에서 $\overline{AB}=4$ cm, $\overline{BC}=6$ cm이고 넓이가 $6\sqrt{2}$ cm²일 때, $\angle B$의 크기를 구하시오.

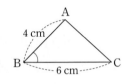

16 다각형의 넓이

7 오른쪽 그림과 같이 $\angle A=135°$이고 $\overline{BC}=10$ cm, $\overline{CD}=10\sqrt{2}$ cm인 평행사변형 ABCD의 넓이는?

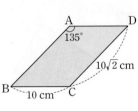

① 50 cm² ② $50\sqrt{2}$ cm² ③ $50\sqrt{3}$ cm²
④ 100 cm² ⑤ $100\sqrt{2}$ cm²

꼭 알아야 할 개념

	1차	2차	시험 직전
직각삼각형의 변의 길이 구하기			
일반 삼각형의 변의 길이 구하기			
삼각형의 높이와 넓이 구하기			
사각형의 넓이 구하기			

1 오른쪽 그림과 같이 ∠C＝90°인 직각삼각형 ABC에서 $\overline{AB}=10$, ∠B＝43°일 때, $x+y$의 값을 구하시오.
(단, sin 43°＝0.68, cos 43°＝0.73으로 계산한다.)

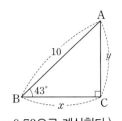

2 오른쪽 그림은 연못 가장자리의 두 지점 A, C 사이의 거리를 구하기 위하여 측량한 것이다. 두 지점 A, C 사이의 거리는?

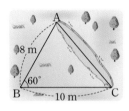

① $4\sqrt{5}$ m   ② $2\sqrt{21}$ m   ③ $2\sqrt{22}$ m
④ $2\sqrt{23}$ m   ⑤ $4\sqrt{6}$ m

3 오른쪽 그림은 강의 양쪽에 있는 두 지점 A, B 사이의 거리를 구하기 위하여 측량한 것이다. 두 지점 A, B 사이의 거리를 구하시오.

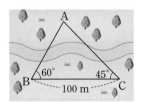

4 오른쪽 그림과 같이 100 m 떨어진 두 지점 A, B에서 하늘에 떠 있는 풍선을 올려다본 각의 크기가 각각 52°, 65°일 때, 다음 중 지면으로부터 풍선의 높이 h를 구하는 식으로 알맞은 것은?

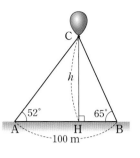

① $h \sin 38° + h \cos 25° = 100$

② $h \cos 38° + h \sin 25° = 100$

③ $h \tan 38° + h \tan 25° = 100$

④ $\dfrac{h}{\sin 38°} + \dfrac{h}{\cos 25°} = 100$

⑤ $\dfrac{h}{\tan 38°} + \dfrac{h}{\tan 25°} = 100$

5 오른쪽 그림과 같은 원 O의 넓이가 9π cm²일 때, 이 원에 내접하는 정육각형의 넓이를 구하시오.

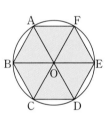

6 오른쪽 그림의 마름모 ABCD의 넓이가 $8\sqrt{2}$ cm²일 때, 마름모의 한 변의 길이는?

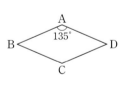

① 4 cm   ② $2\sqrt{5}$ cm   ③ 5 cm
④ $4\sqrt{2}$ cm   ⑤ 6 cm

난 풀 수 있다. 고난도!!

도전 고난도

7 오른쪽 그림의 △ABC에서 ∠BAD＝∠DAC＝30°, $\overline{AB}=18$ cm, $\overline{AC}=12$ cm일 때, $\overline{AD}$의 길이를 구하시오.

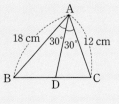

1 오른쪽 그림과 같이 $\angle B = 90°$인 직각삼각형 ABC에서 $\overline{AC} = 20$ cm, $\cos A = \dfrac{4}{5}$일 때, 다음을 구하시오.

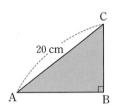

(1) $\overline{AB}$의 길이
(2) $\overline{BC}$의 길이
(3) $\triangle ABC$의 넓이

2 오른쪽 그림과 같이 가로의 길이가 4, 세로의 길이가 3인 직사각형 ABCD의 한 꼭짓점 A에서 대각선 $\overline{BD}$에 내린 수선의 발을 H라고 하자. $\angle HAD = x$일 때, $\sin x + \cos x$의 값을 구하시오.

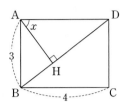

3 $\cos (x + 15°) = \dfrac{1}{2}$일 때, $\sin x - 2\tan x$의 값을 구하시오. (단, $0° < x + 15° < 90°$)

4 오른쪽 그림과 같이 지름의 길이가 12 cm인 반원에서 $\angle CAB = 30°$일 때, 다음을 구하시오.

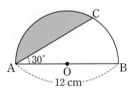

(1) 부채꼴 AOC의 넓이
(2) $\triangle AOC$의 넓이
(3) 색칠한 부분의 넓이

VI 원의 성질

공부할 날짜를 계획해 봐요.

공부한 날짜를 기록해 봐요.

학습 결과를 체크해 봐요.

학습 과정, 학습 결과에 대한 원인을 생각해 볼까요?

학습 결과가 만족스럽지 못하다면 추가 학습을 해 봐요.

08장으로 원의 성질 학습 끝!!

01 원의 중심과 현의 수직이등분선

1. 원의 중심에서 현에 내린 수선은 그 현을 이등분한다.
  ➡ $\overline{AB} \perp \overline{OM}$이면 $\overline{AM} = \overline{BM}$

2. 원에서 현의 수직이등분선은 그 원의 중심을 지난다.

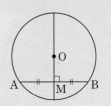

정답과 풀이 21쪽

[01~04] 다음 그림과 같은 원 O에서 x의 값을 구하시오.

01

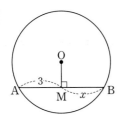

02

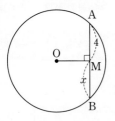

03

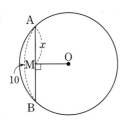

04

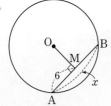

05 다음은 오른쪽 그림과 같은 원 O에서 $\overline{OA} = 5$, $\overline{OM} = 4$일 때, $\overline{AB}$의 길이를 구하는 과정이다. □ 안에 알맞은 것을 쓰시오.

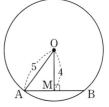

직각삼각형 OAM에서

$\overline{AM} = \sqrt{\overline{OA}^2 - \boxed{}^2}$

$= \sqrt{\boxed{}^2 - 4^2} = \boxed{}$

$\therefore \overline{AB} = 2\overline{AM} = 2 \times \boxed{} = \boxed{}$

[06~08] 다음 그림과 같은 원 O에서 x의 값을 구하시오.

06

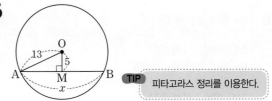

TIP 피타고라스 정리를 이용한다.

07

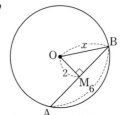

08

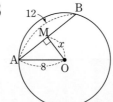

02 현의 길이

한 원 또는 합동인 두 원에서

1. 원의 중심으로부터 같은 거리에 있는 두 현의 길이는 같다.

  ➡ $\overline{OM}=\overline{ON}$이면 $\overline{AB}=\overline{CD}$

2. 길이가 같은 두 현은 원의 중심으로부터 같은 거리에 있다.

  ➡ $\overline{AB}=\overline{CD}$이면 $\overline{OM}=\overline{ON}$

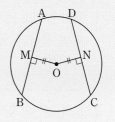

정답과 풀이 21쪽

[01~04] 다음 그림과 같은 원 O에서 x의 값을 구하시오.

01

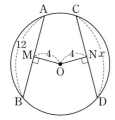

02

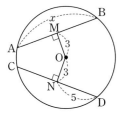

03

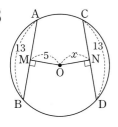

04

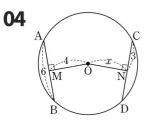

[05~06] 다음 그림과 같은 원 O에서 x의 값을 구하시오.

05

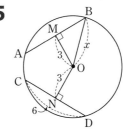

06

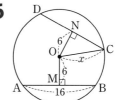

07 다음은 오른쪽 그림의 원 O 에서 $\overline{OM}=\overline{ON}$일 때, $\angle$B 의 크기를 구하는 과정이다. □ 안에 알맞은 것을 쓰시오.

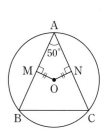

$\overline{OM}=\overline{ON}$이므로 $\overline{AB}=$ □

∴ $\angle$B = $\angle$□

$\angle$A $=50°$이므로

$\angle$B $= \angle$□ $= \dfrac{1}{2}\times(180°-$□$°)$

$=$ □ $°$

03 원의 접선의 길이

1. 원의 접선과 반지름

원의 접선은 그 접점을 지나는 원의 반지름과 수직이다.

➡ $\overline{OT} \perp l$

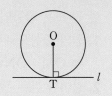

2. 원의 접선의 길이

(1) 원 O 밖의 한 점에서 그을 수 있는 접선은 2개이며, 그 두 접점을 각각 A, B라고 할 때, $\overline{PA}$, $\overline{PB}$의 길이를 점 P에서 원 O에 그은 접선의 길이라고 한다.

(2) 원 밖의 한 점에서 그 원에 그은 두 접선의 길이는 같다.

➡ $\overline{PA} = \overline{PB}$

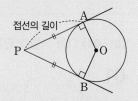

> 정답과 풀이 22쪽

[01~03] 다음 그림에서 $\overline{PT}$는 원 O의 접선이고 점 T는 접점일 때, ∠x의 크기를 구하시오.

01

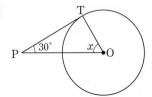

> **TIP** 원의 접선은 그 접점을 지나는 원의 반지름과 수직이다.

02

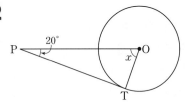

03

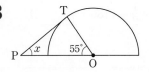

[04~06] 다음 그림에서 $\overline{PA}$, $\overline{PB}$가 원 O의 접선이고 두 점 A, B는 접점일 때, ∠x의 크기를 구하시오.

04

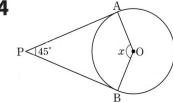

05

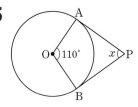

06

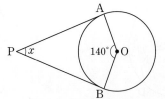

[07~09] 다음 그림에서 $\overline{PA}$는 원 O의 접선이고 점 A는 접점일 때, x의 값을 구하시오.

07

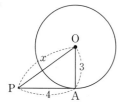

TIP ∠PAO=90°이므로 피타고라스 정리를 이용한다.

08

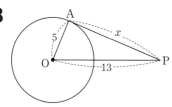

09

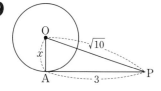

[10~12] 다음 그림에서 $\overline{PA}$, $\overline{PB}$는 원 O의 접선이고 두 점 A, B는 접점일 때, x의 값을 구하시오.

10

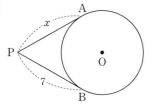

11

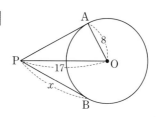

12

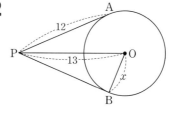

[13~14] 다음 그림에서 $\overline{PA}$, $\overline{PB}$는 원 O의 접선이고 두 점 A, B는 접점일 때, x의 값을 구하시오.

13

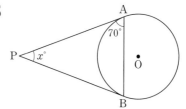

14

원 O가 △ABC의 내접원이고 세 점 D, E, F가 접점일 때
1. $\overline{AD}=\overline{AF}$, $\overline{BD}=\overline{BE}$, $\overline{CE}=\overline{CF}$
2. △ABC의 둘레의 길이: $a+b+c=2(x+y+z)$

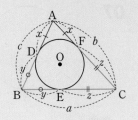

정답과 풀이 23쪽

01 오른쪽 그림에서 원 O 는 △ABC의 내접원 이고 세 점 D, E, F는 접점일 때, 다음을 구 하시오.

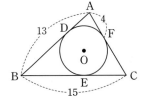

(1) $\overline{AD}$의 길이
(2) $\overline{BE}$의 길이
(3) $\overline{CF}$의 길이

[02~03] 다음 그림에서 원 O는 △ABC의 내접원이고 세 점 D, E, F는 접점일 때, x의 값을 구하시오.

02

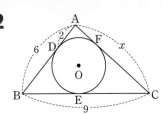

03

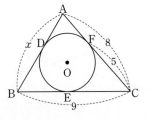

04 다음은 원 O가 △ABC의 내접원이고 세 점 D, E, F가 접점 일 때, $\overline{AD}$의 길이를 구하는 과정이다. □ 안 에 알맞은 것을 쓰시오.

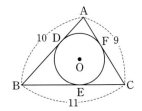

$\overline{AD}=x$라 하면
$\overline{AF}=\overline{AD}=x$

$\overline{BE}=\overline{BD}=\boxed{}$

$\overline{CE}=\boxed{}$

$\quad=\overline{AC}-\boxed{}=\overline{AC}-\overline{AD}=9-x$

$\overline{BC}=\overline{BE}+\boxed{}$이므로

$11=(\boxed{})+(9-x)$

$2x=\boxed{}\qquad \therefore\ x=\boxed{}$

05 오른쪽 그림에서 원 O 는 직각삼각형 ABC의 내접원이고 세 점 D, E, F는 접점이다. 원 O의 반지름의 길이를 r라 할 때, 다음 물음에 답하시 오.

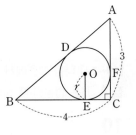

(1) $\overline{AB}$의 길이를 구하시오.
(2) $\overline{AD}$, $\overline{BD}$의 길이를 r의 식으로 나타내시오.
(3) r의 값을 구하시오.

05 원에 외접하는 사각형

학습날짜 :   월   일 / 학습결과 : 😊 😐 😣

원에 외접하는 사각형에서 두 쌍의 대변의 길이의 합은 같다.

➡ $\overline{AB}+\overline{DC}=\overline{AD}+\overline{BC}$

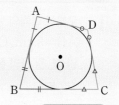

정답과 풀이 23쪽

[01~03] 다음 그림에서 □ABCD가 원 O에 외접할 때, x의 값을 구하시오.

01

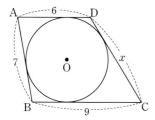

02

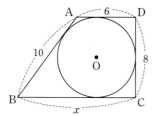

03

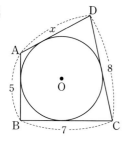

[04~05] 다음 그림에서 □ABCD가 원 O에 외접하고 네 점 E, F, G, H가 접점일 때, x의 값을 구하시오.

04

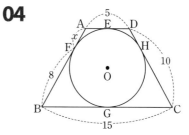

05

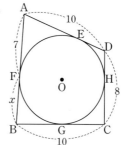

06 오른쪽 그림에서
□ABCD는 원 O에 외접하고 네 점 E, F, G, H는 접점이다.
$\angle A=\angle B=90°$일 때, 다음을 구하시오.

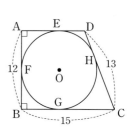

(1) $\overline{BF}$의 길이

(2) $\overline{BG}$의 길이

(3) $\overline{CH}$의 길이

(4) $\overline{DE}$의 길이

01 원의 중심과 현의 수직이등분선

1 오른쪽 그림의 원 O에서 $\overline{AB}=8$ cm, $\overline{OH}=3$ cm 일 때, 원 O의 둘레의 길이는?

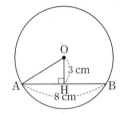

① 10 cm

② 12 cm

③ 5π cm

④ 10π cm

⑤ 12π cm

2 오른쪽 그림의 원 O에서 $\overline{AB}\perp\overline{OC}$이고 $\overline{OM}=4$ cm, $\overline{CM}=2$ cm일 때, $\overline{AB}$의 길이를 구하시오.

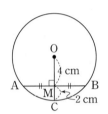

02 현의 길이

3 오른쪽 그림과 같은 원 O 에서 $\overline{AB}\perp\overline{OM}$이고 $\overline{AB}=\overline{CD}$일 때, $\triangle OCD$ 의 넓이를 구하시오.

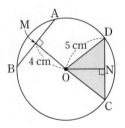

03 원의 접선의 길이

4 오른쪽 그림과 같이 원 밖의 점 P에서 원 O에 그은 두 접선의 접점을 A, B라 하자. $\overline{PA}=6$ cm일 때, 다음 중 옳지 <u>않은</u> 것은?

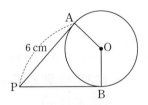

① $\overline{PB}=6$ cm

② $\overline{OA}=\overline{OB}$

③ $\overline{AB}=5$ cm

④ $\angle PAO=\angle PBO$

⑤ $\angle AOB+\angle APB=180°$

5 오른쪽 그림에서 $\overrightarrow{PA}$, $\overrightarrow{PB}$는 원 O의 접선이고, 두 점 A, B는 접점이다. $\overline{PO}=6$ cm, $\overline{OA}=4$ cm일 때, $\overline{PB}$의 길이를 구하시오.

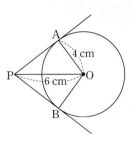

04 삼각형의 내접원

6 오른쪽 그림에서 원 O는 $\triangle ABC$의 내접 원이고, 세 점 D, E, F는 접점이다. $\overline{AD}=5$ cm, $\overline{BE}=3$ cm, $\overline{AC}=12$ cm일 때, $\triangle ABC$의 둘레의 길이를 구하 시오.

 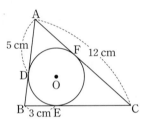

05 원에 외접하는 사각형

7 오른쪽 그림에서 □ABCD 는 원 O에 외접하고 네 점 E, F, G, H는 접점일 때, □ABCD의 둘레의 길이는?

 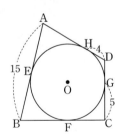

① 46 ② 48

③ 50 ④ 52

⑤ 54

꼭 알아야 할 개념

	1차	2차	시험 직전
원의 중심과 현의 수직이등분선 이해하기			
현의 길이 이해하기			
원의 접선의 길이 이해하기			
삼각형의 내접원 이해하기			
원에 외접하는 사각형 이해하기			

1 오른쪽 그림과 같은 원 O에서 $\overline{AB}\perp\overline{OC}$이고 $\overline{BM}=5$ cm, $\overline{CM}=3$ cm일 때, x의 값을 구하시오.

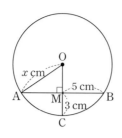

2 오른쪽 그림과 같은 원 O에서 $\angle AOB=120°$이고 $\overparen{AB}=8\pi$ cm일 때, $\overline{AB}$의 길이는?

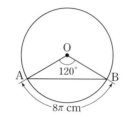

① $4\sqrt{3}$ cm
② $6\sqrt{3}$ cm
③ $8\sqrt{3}$ cm
④ $10\sqrt{3}$ cm
⑤ $12\sqrt{3}$ cm

3 오른쪽 그림은 반지름의 길이가 13 cm인 원의 일부분이다. $\overline{AB}\perp\overline{CM}$, $\overline{AM}=\overline{BM}$이고 $\overline{AB}=24$ cm일 때, $\overline{CM}$의 길이를 구하시오.

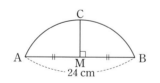

4 오른쪽 그림과 같은 원 O에서 $\overline{AB}\perp\overline{OM}$, $\overline{AC}\perp\overline{ON}$, $\overline{OM}=\overline{ON}$이고 $\angle A=60°$일 때, $\angle B$의 크기를 구하시오.

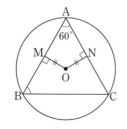

5 오른쪽 그림에서 $\overrightarrow{PA}$, $\overrightarrow{PB}$는 원 O의 접선이고 두 점 A, B는 접점이다. $\angle P=40°$일 때, $\angle OBA$의 크기를 구하시오.

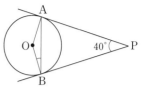

6 오른쪽 그림에서 원 O는 $\angle C=90°$인 직각삼각형 ABC의 내접원이고, 세 점 D, E, F는 원 O의 접점이다. $\overline{AB}=15$ cm, $\overline{AC}=9$ cm일 때, r의 값을 구하시오.

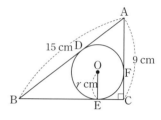

7 오른쪽 그림과 같이 반원 O의 지름 AB의 양 끝 점에서 그은 접선과 반원 O 위의 한 점 P에서 그은 접선이 만나는 점을 각각 C, D라고 하자. $\overline{CD}=8$ cm, $\overline{DB}=5$ cm일 때, $\overline{AB}$의 길이를 구하시오.

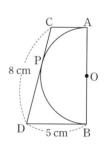

난 풀 수 있다. 고난도!!

도전 고난도

8 오른쪽 그림과 같이 반지름의 길이가 8 cm인 원 O를 현 AB를 접는 선으로 하여 접었더니 $\overparen{AB}$가 원의 중심 O를 지난다. 이때 $\overline{AB}$의 길이는?

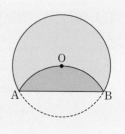

① $4\sqrt{3}$ cm
② $6\sqrt{3}$ cm
③ $8\sqrt{3}$ cm
④ $10\sqrt{3}$ cm
⑤ $12\sqrt{3}$ cm

학습날짜 :   월   일 / 학습결과 : 😊 😕 😣

1. 원주각: 원 O에서 호 AB를 제외한 원 위의 점을 P에 대하여 ∠APB를 호 AB에 대한 원주각이라고 한다.

2. 원주각과 중심각의 크기: 한 호에 대한 원주각의 크기는 그 호에 대한 중심각의 크기의 $\frac{1}{2}$이다.

➡ $\angle APB = \frac{1}{2} \angle AOB$

정답과 풀이 25쪽

[01~03] 다음 그림과 같은 원 O에서 ∠x의 크기를 구하시오.

01

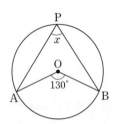

> **TIP** 원주각의 크기는 중심각의 크기의 $\frac{1}{2}$이다.

02

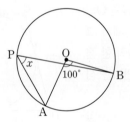

03

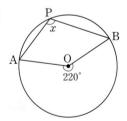

[04~06] 다음 그림과 같은 원 O에서 ∠x의 크기를 구하시오.

04

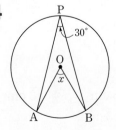

05

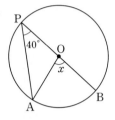

06

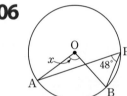

07 오른쪽 그림과 같은 원 O에서 ∠APB=110°일 때 ∠x의 크기를 구하시오.

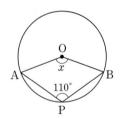

08 오른쪽 그림과 같은 원 O에서 ∠BOD=140°일 때 ∠x, ∠y의 크기를 각각 구하시오.

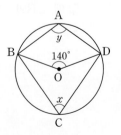

07 원주각의 성질(1)

한 원에서 한 호에 대한 원주각의 크기는 모두 같다.

➡ $\angle APB = \angle AQB = \angle ARB$

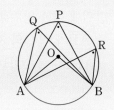

정답과 풀이 26쪽

[01~03] 다음 그림과 같은 원에서 ∠x의 크기를 구하시오.

01

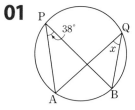

TIP 한 호에 대한 원주각의 크기는 모두 같다.

02

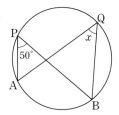

03

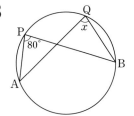

[04~06] 다음 그림과 같은 원에서 ∠x, ∠y의 크기를 각각 구하시오.

04

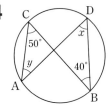

05

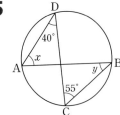

06

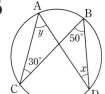

08 원주각의 성질(2)

반원에 대한 원주각의 크기는 90°이다.

즉 $\overline{AB}$가 원 O의 지름이면

$\angle APB = \angle AQB = \angle ARB = 90°$

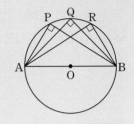

정답과 풀이 26쪽

[01~03] 다음 그림에서 $\overline{AB}$가 원 O의 지름일 때, $\angle x$의 크기를 구하시오.

01

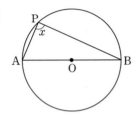

02

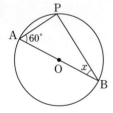

03

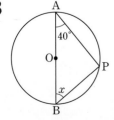

04 다음은 오른쪽 그림과 같이 $\overline{AB}$는 원 O의 지름이고 $\angle BAD = 28°$일 때, $\angle x$와 $\angle y$의 크기를 구하는 과정이다. □ 안에 알맞은 것을 쓰시오.

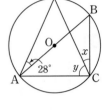

$\angle x = \angle \boxed{} = \boxed{}° (\overgroup{BD}$의 원주각$)$

$\angle ACB = \boxed{}°$이므로

$\angle y = \angle ACB - \angle x = \boxed{}°$

[05~06] 다음 그림에서 $\overline{AB}$가 원 O의 지름일 때, $\angle x$의 크기를 구하시오.

05

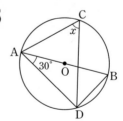

06

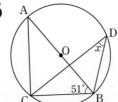

09 원주각의 크기와 호의 길이

한 원에서

1. 길이가 같은 호에 대한 원주각의 크기는 서로 같다.
$\overset{\frown}{AB}=\overset{\frown}{CD}$이면 ∠APB=∠CQD

2. 크기가 같은 원주각에 대한 호의 길이는 서로 같다.
∠APB=∠CQD이면 $\overset{\frown}{AB}=\overset{\frown}{CD}$

3. 원주각의 크기와 호의 길이는 정비례한다.

정답과 풀이 27쪽

[01~03] 다음 그림과 같은 원 O에서 x의 값을 구하시오.

01

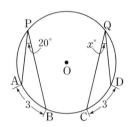

02

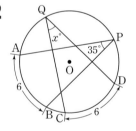

03

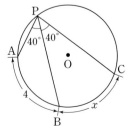

04 다음은 오른쪽 그림의 원 O에서 x의 값을 구하는 과정이다. □ 안에 알맞은 수를 쓰시오.

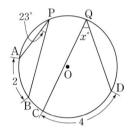

원주각의 크기와 호의 길이는 정비례하므로

$\overset{\frown}{AB} : \overset{\frown}{CD}$ = ∠APB : ∠CQD

2 : □ = □° : x°

$2x$ = □

∴ x = □

[05~06] 다음 그림과 같은 원 O에서 x의 값을 구하시오.

05

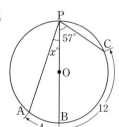

TIP 원주각의 크기와 호의 길이는 정비례한다.

06

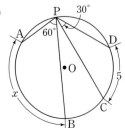

10 원에 내접하는 사각형의 성질

1. 원에 내접하는 사각형의 한 쌍의 대각의 크기의 합은 180°이다.

➡ $\angle A + \angle C = \angle B + \angle D = 180°$

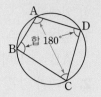

2. 원에 내접하는 사각형에서 한 외각의 크기는 그 외각에 이웃한 내각에 대한 대각의 크기와 같다.

➡ $\angle A = \angle DCE$

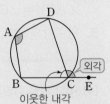

정답과 풀이 27쪽

[01~03] 다음 그림에서 □ABCD가 원에 내접할 때, $\angle x$, $\angle y$의 크기를 각각 구하시오.

01

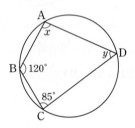

02

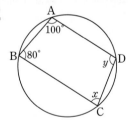

03

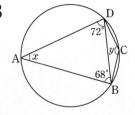

[04~06] 다음 그림에서 □ABCD가 원에 내접할 때, $\angle x$의 크기를 구하시오.

04

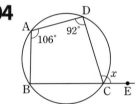

05

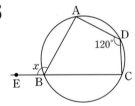

06

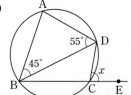

11 접선과 현이 이루는 각

원의 접선과 그 접점을 지나는 현이 이루는 각의 크기는 그 각의 내부에 있는 호에 대한 원주각의 크기와 같다.

➡ ∠BAT = ∠BCA

∠CAT′ = ∠CBA

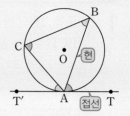

정답과 풀이 28쪽

[01~03] 다음 그림에서 $\overleftrightarrow{\text{AT}}$는 원 O의 접선이고 점 A는 접점일 때, ∠x의 크기를 구하시오.

01

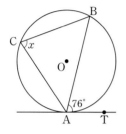

02

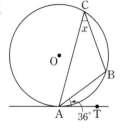

03

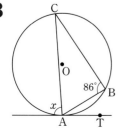

[04~06] 다음 그림에서 $\overleftrightarrow{\text{AT}}$는 원 O의 접선이고 점 A는 접점일 때, ∠x, ∠y의 크기를 각각 구하시오.

04

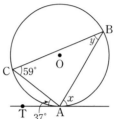

05

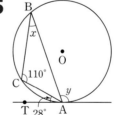

06

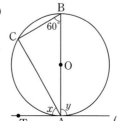

(단, $\overline{\text{AB}}$는 원 O의 지름)

06 원주각과 중심각의 크기

1 오른쪽 그림의 원 O에서
∠BCD=100°일 때,
∠x+∠y의 크기는?

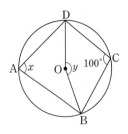

① 230°   ② 235°

③ 240°   ④ 245°

⑤ 250°

07 원주각의 성질(1)

2 오른쪽 그림과 같은 원에서
∠x의 크기는?

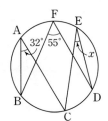

① 20°   ② 21°

③ 22°   ④ 23°

⑤ 24°

08 원주각의 성질(2)

3 오른쪽 그림의 원 O에서
$\overline{AB}$는 원 O의 지름이고
∠DAB=35°일 때,
∠x의 크기를 구하시오.

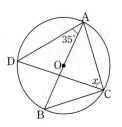

09 원주각의 크기와 호의 길이

4 오른쪽 그림에서
$\overparen{AC}=\overparen{BD}$이고
∠ABC=25°일 때,
∠x의 크기는?

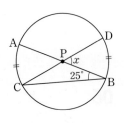

① 30°   ② 35°

③ 40°   ④ 45°

⑤ 50°

10 원에 내접하는 사각형의 성질

5 오른쪽 그림에서
∠x+∠y의 크기는?

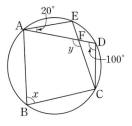

① 180°   ② 185°

③ 190°   ④ 195°

⑤ 200°

6 오른쪽 그림에서
□ABCD는 원 O에 내
접한다. ∠BAC=65°,
∠BDA=45°일 때,
∠ABE의 크기는?

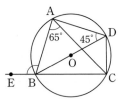

① 90°   ② 95°   ③ 100°

④ 105°   ⑤ 110°

11 접선과 현이 이루는 각

7 오른쪽 그림에서 직선 AT는
원 O의 접선이고, 점 A는
접점이다. ∠BAT=70°일
때, ∠x+∠y의 크기는?

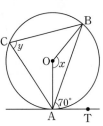

① 200°   ② 210°

③ 220°   ④ 230°

⑤ 240°

🖊 **꼭** 알아야 할 개념 📝

	1차	2차	시험 직전
원주각과 중심각의 크기의 관계 알기			
원주각의 성질 이해하기			
원주각의 크기와 호의 길이의 관계 알기			
원에 내접하는 사각형의 성질 알기			
원의 접선과 현이 이루는 각 구하기			

형성 평가

1 오른쪽 그림과 같은 원 O에서 ∠PAO=16°, ∠PBO=36°일 때, ∠x의 크기는?

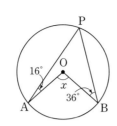

① 100°　② 101°
③ 102°　④ 103°
⑤ 104°

2 오른쪽 그림에서 ∠BPD=30°, ∠BQD=80°일 때, ∠x의 크기를 구하시오.

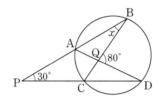

3 오른쪽 그림에서 $\overline{AB}$는 반원 O의 지름이고 ∠COD=24°일 때, ∠x의 크기는?

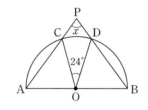

① 78°　② 80°
③ 82°　④ 84°
⑤ 86°

4 오른쪽 그림에서 $\overline{AB}$는 원 O의 지름이고 $\overarc{AD}=\overarc{CD}$, ∠ABD=31°일 때, ∠x의 크기를 구하시오.

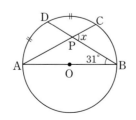

5 오른쪽 그림과 같이 오각형 ABCDE는 원 O에 내접하고 ∠BAE=110°, ∠BOC=50°일 때, ∠x의 크기는?

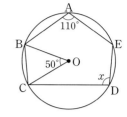

① 80°　② 85°
③ 90°　④ 95°
⑤ 100°

6 오른쪽 그림에서 $\overleftrightarrow{AT}$는 원 O의 접선이고 점 A는 접점이다. 현 CD가 원의 중심 O를 지나고 ∠ABC=125°일 때, ∠ACD의 크기는?

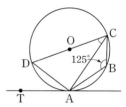

① 20°　② 25°
③ 30°　④ 35°
⑤ 40°

난 풀 수 있다. 고난도!!

도전 고난도

7 오른쪽 그림에서 $\overrightarrow{PC}$는 원의 접선이고, 점 C는 접점이다. $\overline{AC}=\overline{AD}$이고 ∠P=36°일 때, ∠ABC의 크기는?

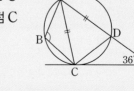

① 108°　② 110°　③ 112°
④ 114°　⑤ 116°

1 오른쪽 그림과 같은 원 O에서 $\overline{AB}\perp\overline{OC}$, $\overline{AB}=12$ cm, $\overline{CM}=4$ cm일 때, 다음을 구하시오.

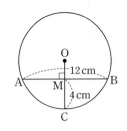

(1) $\overline{AM}$의 길이
(2) 원 O의 반지름의 길이
(3) 원 O의 둘레의 길이

 풀이

2 다음 그림과 같이 $\overline{PA}$, $\overline{PB}$는 반지름의 길이가 12 cm인 원 O의 접선이고, 두 점 A, B는 접점이다. $\angle APB=30°$일 때, 다음을 구하시오.

(1) $\angle PAO$, $\angle PBO$의 크기
(2) $\angle AOB$의 크기
(3) 색칠한 부분의 넓이

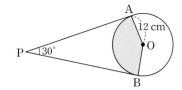

 풀이

3 오른쪽 그림의 원에서 점 P는 두 현 AB, CD의 교점이다. $\overparen{BC}=8$ cm $\angle ACD=23°$, $\angle BPC=68°$일 때, 이 원의 둘레의 길이를 구하시오.

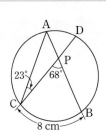

 풀이

4 다음 그림에서 $\overrightarrow{PA}$, $\overrightarrow{PB}$는 원 O의 접선이고, 두 점 A, B는 접점이다. $\angle ACB=50°$일 때, $\angle x$의 크기를 구하시오.

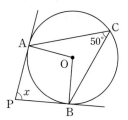

 풀이

VII 통계

한 장 공부 표		계획하기		학습하기		확인하기			분석하기	추가 학습하기	
	학습 내용	공부할 날짜를 계획해 봐요.		공부한 날짜를 기록해 봐요.		학습 결과를 체크해 봐요.			학습 과정, 학습 결과에 대한 원인을 생각해 볼까요?	학습 결과가 만족스럽지 못하다면 추가 학습을 해 봐요.	
01장	01. 평균 02. 중앙값	월	일	월	일	😊 잘함	😐 보통	😣 노력		월	일
02장	03. 최빈값 04. 대푯값의 비교	월	일	월	일	😊	😐	😣		월	일
03장	핵심 반복 / 형성 평가	월	일	월	일	😊	😐	😣		월	일
04장	05. 편차	월	일	월	일	😊	😐	😣		월	일
05장	06. 분산과 표준편차	월	일	월	일	😊	😐	😣		월	일
06장	핵심 반복 / 형성 평가	월	일	월	일	😊	😐	😣		월	일
07장	07. 산점도 08. 상관관계	월	일	월	일	😊	😐	😣		월	일
08장	09. 상관관계의 해석	월	일	월	일	😊	😐	😣		월	일
09장	핵심 반복 / 형성 평가 / 쉬운 서술형	월	일	월	일	😊	😐	😣		월	일

09장으로 통계 학습 끝!!

학습날짜 :   월   일 / 학습결과 : 😊 😑 😣

1. **대푯값**: 자료 전체의 특징을 대표적으로 나타내는 값으로 평균, 중앙값, 최빈값 등이 있다.
2. **평균**: 변량의 총합을 변량의 개수로 나눈 값 → 자료를 수량으로 나타낸 것

   $$ (평균) = \frac{(변량의\ 총합)}{(변량의\ 개수)} $$

   예 자료 4, 6, 10, 7, 3의 평균은

   $$ \frac{4+6+10+7+3}{5} = 6 $$

   참고 자료의 값 중에서 매우 크거나 매우 작은 값이 있는 경우에는 평균이 대푯값으로 적절하지 않다.

정답과 풀이 32쪽

[01~04] 다음 자료의 평균을 구하시오.

01
| 1, | 3, | 5, | 7 |

02
| 8, | 11, | 2, | 14, | 15 |

03
| 84, | 92, | 91, | 94, | 89 |

04
| 20, | 18, | 14, | 19, | 20, | 17 |

05 다음 표는 지홍이가 1월부터 6월까지 읽은 책의 권수를 조사하여 나타낸 것이다. 읽은 책의 권수의 평균을 구하시오.

월	1	2	3	4	5	6
책의 수(권)	2	3	4	2	4	3

06 다음 표는 학생 5명의 몸무게를 조사하여 나타낸 것이다. 학생들의 몸무게의 평균을 구하시오.

학생	현성	은지	우진	승현	보미
몸무게(kg)	57	50	53	51	54

07 다음 줄기와 잎 그림은 시우네 동아리의 학생들이 어제 하루 동안 받은 문자 메시지의 수를 조사하여 나타낸 것이다. 시우네 동아리의 학생들의 문자 메시지의 수의 평균을 구하시오.

문자 메시지의 수   (0 | 7은 7개)

줄기	잎
0	7 7 8
1	2 3 5 6 8
2	1 3

TIP 줄기와 잎 그림에서 자료의 개수는 잎의 개수와 같다.

[08~10] 다음 자료의 평균이 [ ] 안의 수와 같을 때, x의 값을 구하시오.

08 [4]
| 3, | 4, | 5, | x |

09 [25]
| 15, | 18, | 32, | 39, | x |

10 [9]
| 11, | 6, | x, | 9, | 5, | 13 |

02 중앙값

1. 중앙값: 자료의 변량을 작은 값부터 크기순으로 나열할 때, 자료의 중앙에 위치한 값

2. 자료의 개수가 홀수이면 중앙에 위치한 하나의 값이 중앙값이다. ⎤
                                             ⟶ 중앙값은 한 개이다.

3. 자료의 개수가 짝수이면 중앙에 위치한 두 값의 평균이 중앙값이다. ⎦

> 📘 자료 9, 7, 6, 3, 20, 10의 중앙값을 구하기 위해 자료를 작은 값부터 크기순으로 나열하면
> 3, 6, 7, 9, 10, 20이므로 중앙값은 중앙에 있는 두 수 7, 9의 평균이다.
>   ⟶ 자료의 개수가 짝수
> 즉, 중앙값은 $\dfrac{7+9}{2}=8$이다.

> 📙 중앙값을 구할 때에는 자료가 작은 값부터 크기순으로 나열되어 있는지 우선 확인한다.

정답과 풀이 32쪽

[01~04] 다음 자료의 중앙값을 구하시오.

01
4,	13,	20,	27,	36

02
9,	11,	14,	16,	17,	17,	20

03
80,	10,	90,	30,	50

> **TIP** 중앙값을 구하려면 먼저 자료를 작은 값부터 크기순으로 나열해 본다.

04
5,	11,	3,	8,	13,	6

[05~08] 다음은 모두 자료를 크기순으로 나열한 것이다. 이 자료의 중앙값이 [ ] 안의 수와 같을 때, 상수 x의 값을 구하시오.

05 [6]
2,	4,	x,	10

> **TIP** 자료의 개수가 짝수일 때의 중앙값은 중앙에 있는 두 값의 평균이다.

06 [8]
3,	5,	6,	x,	11,	13

07 [22]
5,	10,	x,	25,	30,	40

08 [19]
16,	16,	16,	17,	x,	21,	22,	25

03 최빈값

1. **최빈값**: 자료의 변량 중에서 가장 많이 나타나는 값

   예 자료 '사과, 귤, 사과, 포도, 사과'에서 사과가 가장 많이 나타나므로, 이 자료의 최빈값은 '사과'이다.

2. 자료 중에서 개수가 가장 큰 값이 한 개 이상 있으면 그 값이 모두 최빈값이다.

   예 자료 '3, 4, 3, 5, 4, 8'에서 3과 4가 각각 두 번씩 가장 많이 나타나므로, 이 자료의 최빈값은 3과 4이다.

   참고 최빈값은 자료에 따라 두 개 이상일 수도 있다.

정답과 풀이 33쪽

[01~06] 다음 자료의 최빈값을 구하시오.

01
| 20,   14,   16,   18,   20,   26 |

02
| 6,   10,   14,   10,   14,   16 |

03
| 수학, 수학, 국어, 영어, 수학, 과학, 영어 |

TIP 자료가 수치로 주어지지 않은 경우 최빈값도 수치로 나타나지 않는다.

04
| 10,   12,   24,   6,   7,   12 |

05
| 1,   2,   4,   5,   2,   5,   4 |

06
| 14,   2,   8,   10,   4,   12,   8 |

[07~10] 다음 자료의 최빈값이 [ ] 안의 수와 같을 때, 상수 x의 값을 구하시오.

07 [2]
| 1,   2,   1,   2, x |

08 [3]
| 1,   3,   5,   2, x,   3,   1 |

09 [12, 13]
| 4,   13,   12, x,   15,   12,   10 |

10 [7, 10, 16]
| 16, 7, 10, 16, x, 9, 19, 25, 10, 8 |

04 대푯값의 비교

1. 자료의 변량 중에서 매우 크거나 매우 작은 값이 포함되어 있는 경우에는 중앙값이 평균보다 그 자료의 중심 경향을 더욱 잘 나타낸다.

　예 자료 '1, 2, 3, 4, 110'에서 (평균)$=\dfrac{1+2+3+4+110}{5}=24$, (중앙값)$=3$

　　이므로 평균보다 중앙값이 자료의 중심적인 경향을 더 잘 나타낸다.

2. 최빈값은 변량이 중복되어 나타나는 자료나 숫자로 나타낼 수 없는 자료의 대푯값으로 유용하다.

　예 자료 '빨강, 빨강, 노랑, 파랑, 노랑, 빨강'에서 최빈값은 빨강이고, 평균과 중앙값은 구할 수 없다.

정답과 풀이 33쪽

[01~04] 다음 자료는 학생 10명이 한 학기 동안 읽은 책의 권수를 조사하여 나타낸 것이다. 물음에 답하시오.

(단위: 권)

6, 2, 4, 3, 2, 5, 4, 5, 3, 27

01 평균을 구하시오.

02 중앙값을 구하시오.

03 최빈값을 구하시오.

04 다음 □ 안에 알맞은 것을 쓰시오.

> 학생 10명이 한 학기 동안 읽은 책의 권수에 대한 자료의 변량 중에서 매우 큰 값이 있으므로 대푯값으로 가장 적절한 것은 ☐ 이다.

TIP 평균은 매우 크거나 매우 작은 변량이 있는 자료의 대푯값으로 적절하지 않다.

[05~07] 다음 줄기와 잎 그림은 A 가게에서 하루 동안 판매한 실내화의 크기를 조사하여 나타낸 것이다. 물음에 답하시오.

실내화의 크기　(22│5는 225 mm)

줄기	잎
22	5 5 5 5 5
23	0 0 0 5 5
24	0 0 5
25	0 5

05 중앙값을 구하시오.

06 최빈값을 구하시오.

07 다음 □ 안에 알맞은 것을 쓰시오.

> A 가게에서 가장 많이 준비해야 할 실내화의 크기를 정하려고 할 때, 이 자료의 대푯값으로 가장 적절한 것은 ☐ 이다.

01 평균

1 다음은 학생 8명의 제기차기 횟수를 조사하여 나타낸 것이다. 제기차기 횟수의 평균이 4회일 때, x의 값을 구하시오.

(단위: 회)

| 6, | 1, | 5, | 8, | x, | 2, | 3, | 5 |

02 중앙값

2 다음 자료 중 중앙값이 가장 큰 것은?

① 2, 2, 4, 6, 6
② 1, 1, 4, 5, 6, 6
③ 1, 2, 3, 4, 9, 9
④ 1, 2, 3, 4, 5, 6
⑤ 2, 2, 5, 5, 5, 8, 8

3 다음은 자료를 작은 값부터 크기순으로 나열한 것이다. 이 자료의 중앙값이 8일 때, x의 값을 구하시오.

| 1, | 6, | x, | 9, | 10, | 13 |

03 최빈값

4 다음 표는 준영이네 반 학생 30명의 혈액형을 조사하여 나타낸 것이다. 이 자료의 최빈값을 구하시오.

혈액형	A형	B형	O형	AB형
도수(명)	5	14	9	2

04 대푯값의 비교

[05~06] 다음은 학생 8명의 여름방학 동안의 봉사활동 시간을 조사하여 나타낸 것이다. 물음에 답하시오.

(단위: 시간)

| 5, | 4, | 3, | 2, | 49, | 3, | 2, | 4 |

5 봉사활동 시간의 평균을 A시간, 중앙값을 B시간이라고 할 때, A와 B를 각각 바르게 쓴 것은?

	A	B			A	B
①	8	3		②	8	3.5
③	9	3		④	9	3.5
⑤	9	4				

6 다음 ☐ 안에 알맞은 것을 쓰시오.

봉사활동 시간 자료에 극단적으로 큰 값이 있으므로 ☐ 은 대푯값으로 적절하지 않다.

7 오른쪽 줄기와 잎 그림은 원재네 모둠 학생들의 윗몸일으키기 횟수를 조사하여 나타낸 것이다. 윗몸일으키기 횟수의 중앙값을 a회, 최빈값을 b회라고 할 때, $a+b$의 값을 구하시오.

윗몸일으키기　(0 | 3은 3회)

줄기	잎
0	3　4
1	2　3　6
2	0　6　6　9
3	1　5

🔑 **꼭** 알아야 할 개념 📝

	1차	2차	시험 직전
평균, 중앙값, 최빈값 구하기			
적절한 대푯값 고르기			

1 다음 중 옳지 <u>않은</u> 것은?

① 대푯값에는 평균, 중앙값, 최빈값 등이 있다.
② 평균은 극단적인 값에 영향을 받는다.
③ 중앙값은 2개 이상일 수도 있다.
④ 최빈값은 2개 이상일 수도 있다.
⑤ 좋아하는 음식처럼 선호도 등을 조사할 때는 최빈값을 대푯값으로 이용한다.

2 5개의 자료 a, b, c, d, e의 평균이 12일 때, 다음 6개의 자료의 평균은?

$$a,\quad b,\quad c,\quad d,\quad e,\quad 6$$

① 10   ② 11   ③ 12
④ 13   ⑤ 14

3 다음 8개의 자료의 중앙값이 58일 때, x의 값은?

$$80,\quad 73,\quad x,\quad 54,\quad 35,\quad 47,\quad 41,\quad 66$$

① 60   ② 61   ③ 62
④ 63   ⑤ 64

4 다음은 5개의 자료를 작은 값부터 크기순으로 나열한 것이다. 이 자료의 평균과 중앙값이 같다고 할 때, x의 값은?

$$11,\quad 14,\quad 16,\quad 19,\quad x$$

① 19   ② 20   ③ 21
④ 22   ⑤ 23

5 다음은 학생 8명이 지난 한 달 동안 단 선플의 개수를 조사하여 나타낸 것이다. 최빈값이 8개일 때, 중앙값을 구하시오.

(단위: 개)

$$7,\quad 8,\quad 7,\quad 5,\quad x,\quad 6,\quad 13,\quad 8$$

6 다음은 학생 5명의 수학 성적을 조사하여 나타낸 것이다. 수학 성적의 평균과 최빈값이 같을 때, x의 값을 구하시오.

(단위: 점)

$$86,\quad 90,\quad 76,\quad x,\quad 84$$

7 다음 8개 자료의 평균, 중앙값, 최빈값을 각각 A, B, C라고 할 때, A, B, C의 대소 관계는?

$$3,\quad 4,\quad 7,\quad 5,\quad 7,\quad 4,\quad 3,\quad 7$$

① $A>B>C$ ② $A>C>B$
③ $B>C>A$ ④ $C>A>B$
⑤ $C>B>A$

난 풀 수 있다. 고난도!!

도전 고난도

8 3개의 자료 3, 6, x의 중앙값이 6이고, 3개의 자료 9, 13, x의 중앙값이 9일 때, 이를 만족시키는 자연수 x의 개수를 구하시오.

05 편차

1. 편차: 각 변량에서 평균을 뺀 값

> (편차)=(변량)−(평균)

　예 　자료 4, 6, 10, 7, 3의 평균은 6이므로 편차는 다음과 같다.

변량	4	6	10	7	3	총합
편차	−2	0	4	1	−3	0

2. 편차는 변량이 평균보다 크면 양수이고, 변량이 평균보다 작으면 음수이다. → 변량이 평균과 같으면 편차는 0이다.

3. 편차의 절댓값이 클수록 그 변량은 평균에서 멀리 떨어져 있고, 편차의 절댓값이 작을수록 그 변량은 평균에 가까이 있다.

4. 편차의 합은 항상 0이다.

정답과 풀이 35쪽

[01~04] 다음 주어진 자료의 평균이 [ ] 안의 수와 같을 때, 표를 완성하시오.

01 [6]

변량	2	10	6	8	4
편차	−4		0		−2

> **TIP** (편차)=(변량)−(평균)

02 [50]

변량	65	80	25	30	50
편차	15			−20	0

03 [40]

변량	20	30	40	50	60
편차	−20		0	10	

04 [15]

변량	10	18	12	17	19	14
편차	−5	3			4	

[05~08] 다음 변량의 평균을 구하고, 표를 완성하시오.

05

변량	5	5	30	40
편차				

평균: _____

06

변량	1	3	5	7	9
편차					

평균: _____

07

변량	14	12	9	7	3
편차					

평균: _____

08

변량	11	9	7	5	3	1
편차						

평균: _____

[09~14] 자료의 편차가 다음과 같을 때, x의 값을 구하시오.

09

$-2,$	$-4,$	$2,$	x

> **TIP** 편차의 합은 항상 0이다.

10

$1,$	$2,$	$3,$	x

11

$x,$	$20,$	$-17,$	$-5,$	3

12

$2,$	$-3,$	$x,$	$-6,$	$7,$	4

13

$4,$	$-1,$	$0,$	$8,$	$-9,$	$x,$	3

14

$10,$ $40,$ $-30,$ $10,$ $-20,$ $x,$ $-50,$ 20

[15~17] 주어진 자료의 평균이 [ ] 안의 수와 같을 때, 표를 완성하시오.

15 [50]

변량	40		70	35
편차	-10	5	20	-15

> **TIP** (변량)=(편차)+(평균)

16 [7]

변량		10	6		7
편차	-3	3	-1	1	0

17 [25]

변량	19	9		29	5	
편차	-6		22	4	-20	16

[18~19] 주어진 자료에서 평균을 구하고, 표를 완성하시오.

18

변량	30	37		28	33
편차	-2		0	-4	

평균: _____

> **TIP** (평균)=(변량)-(편차)

19

변량	9	11		3	5	
편차		3	-1		-3	5

평균: _____

06 분산과 표준편차

학습날짜 :   월   일 / 학습결과 : 😊 😐 😖

1. 산포도 : 자료의 분포 상태를 알아보기 위해 대푯값을 중심으로 자료가 흩어져 있는 정도를 하나의 수로
나타낸 값으로 분산, 표준편차 등이 있다. └→ 산포도를 구할 때에는 보통 평균을 대푯값으로 사용한다.

2. 분산 : 각 편차의 제곱의 합을 전체 변량의 개수로 나눈 값, 즉 편차의
제곱의 평균

$$(분산) = \frac{\{(편차)^2의\ 총합\}}{(변량의\ 개수)}$$

$$(표준편차) = \sqrt{(분산)}$$

3. 표준편차 : 분산의 음이 아닌 제곱근 └→ 0 또는 양의 제곱근

참고
- 자료의 변량이 평균에 모일수록 산포도는 작아지고, 흩어져 있을수록
산포도는 커진다.
- 자료의 변량들은 분산 또는 표준편차가 작을수록 평균을 중심으로 모여 있고, 클수록 평균으로부터 흩어져
있다.
- 분산이 0인 경우는 편차가 모두 0인 경우이므로 자료의 변량들이 모두 같은 값일 때이다.
- 산포도가 작을수록 평균 중심에 모여 있으므로 자료가 고르다고 볼 수 있다.

정답과 풀이 36쪽

[01~03] 어떤 자료의 편차가 아래와 같을 때, 이 자료에
대하여 다음을 구하시오.

$$1, \quad -1, \quad 1, \quad -1$$

01 편차의 제곱의 총합

02 분산

 분산은 편차의 제곱의 평균이므로 편차의 제곱의 총합을 변량의
개수로 나누어 구한다.

03 표준편차

[04~06] 어떤 자료의 편차가 아래와 같을 때, 이 자료에
대하여 다음을 구하시오.

$$-2, \quad 1, \quad 2, \quad -1, \quad 0$$

04 편차의 제곱의 총합

05 분산

06 표준편차

[07~10] 어떤 자료의 편차가 아래와 같을 때, 이 자료에
대하여 다음을 구하시오.

$$-2, \quad -1, \quad x, \quad 2, \quad -3$$

07 x의 값

TIP 편차의 합은 항상 0이다.

08 편차의 제곱의 총합

09 분산

10 표준편차

[11~14] 어떤 자료의 편차가 아래와 같을 때, 이 자료에
대하여 다음을 구하시오.

$$3, \quad -4, \quad 0, \quad x, \quad -1$$

11 x의 값

12 편차의 제곱의 총합

13 분산

14 표준편차

[15~19] 주어진 자료에 대하여 다음을 구하시오.

| 2, | 9, | 6, | 8, | 15 |

15 평균

16 편차 및 편차의 제곱

변량	2	9	6	8	15
편차					
(편차)^2					

17 편차의 제곱의 총합

18 분산

19 표준편차

[20~24] 주어진 자료에 대하여 다음을 구하시오.

| 10, | 12, | 19, | 16, | 12, | 21 |

20 평균

21 편차 및 편차의 제곱

변량	10	12	19	16	12	21
편차						
(편차)^2						

22 편차의 제곱의 합

23 분산

24 표준편차

[25~31] 아래 표는 두 가게 A와 B에서 5일 동안 판매한 특정 브랜드의 생수 판매량을 조사한 것이다. 이것을 이용하여 생수 판매량의 분포를 비교하려고 한다. 다음을 구하시오.

(단위: 개)

가게 A	30	20	10	15	25
가게 B	35	5	10	40	10

25 가게 A의 생수 판매량의 평균

26 가게 A의 생수 판매량에 대한 분산

TIP 분산에는 단위를 붙이지 않는다.

27 가게 A의 생수 판매량에 대한 표준편차

TIP 표준편차의 단위는 변량의 단위와 같다.

28 가게 B의 생수 판매량의 평균

29 가게 B의 생수 판매량에 대한 분산

30 가게 B의 생수 판매량에 대한 표준편차

31 두 가게 A와 B 중 생수 판매량이 더 고르게 분포된 가게

TIP 산포도가 작을수록 자료가 더 고르다.

05 편차

1 다음 중 편차에 대한 설명으로 옳지 <u>않은</u> 것은?

① 편차는 어떤 자료의 각 변량에서 평균을 뺀 값이다.

② 편차의 합은 항상 0이다.

③ 편차가 0인 경우는 없다.

④ 평균보다 작은 변량의 편차는 음수이다.

⑤ 편차의 절댓값이 작을수록 평균에 가깝다.

2 다음은 학생 6명의 일주일 동안의 TV 시청 시간의 편차를 나타낸 것이다. x의 값을 구하시오.

(단위: 시간)

$$-3, \quad 6, \quad x, \quad 2, \quad 1, \quad -5$$

3 서연이네 반 학생들의 키의 평균은 163 cm이다. 서연이의 키의 편차가 −4 cm일 때, 서연이의 키를 구하시오.

4 다음은 민재네 반 학생 6명의 제기차기를 한 횟수에 대한 편차를 나타낸 표이다. 제기차기를 한 횟수의 평균이 30회일 때, 민재가 제기차기를 한 횟수는?

학생	윤재	지혜	민재	아인	지호	민정
편차(회)	5	−3		1	7	−4

① 24회　　② 26회　　③ 28회

④ 30회　　⑤ 32회

06 분산과 표준편차

5 다음은 학생 5명의 한 달 동안 읽은 책의 권수를 조사하여 나타낸 것이다. 한 달 동안 읽은 책의 권수의 표준편차를 구하시오.

(단위: 권)

$$2, \quad 5, \quad 4, \quad 3, \quad 6$$

[06~07] 다음은 두 학생 A, B가 5회에 걸친 수학 시험에서 받은 점수를 조사하여 나타낸 것이다. 물음에 답하시오.

(단위: 점)

A	5	7	3	6	4
B	9	1	5	2	8

6 다음 중 두 학생 A, B의 수학점수의 표준편차를 차례대로 구한 것은?

① $\sqrt{2}$점, $2\sqrt{2}$점　　② $\sqrt{2}$점, $\sqrt{10}$점

③ $\sqrt{2}$점, $3\sqrt{2}$점　　④ 2점, $2\sqrt{2}$점

⑤ 2점, $\sqrt{10}$점

7 두 학생 A, B 중에서 수학 점수가 더 고르게 분포된 학생을 쓰시오.

꼭 알아야 할 개념

	1차	2차	시험 직전
편차 구하기			
분산과 표준편차 구하기			

1 아래 자료는 윤진이네 모둠 6명의 수학 수행평가 점수를 조사하여 나타낸 것이다. 다음 중 이 변량들의 편차가 <u>아닌</u> 것은?

(단위: 점)

| 48, | 43, | 42, | 49, | 47, | 41 |

① -4점   ② -2점   ③ 2점
④ 4점   ⑤ 6점

2 다음 표는 학생 5명의 과학 성적에 대한 편차를 조사하여 나타낸 것이다. 과학 성적의 평균이 82점일 때, 학생 B의 성적을 구하시오.

학생	A	B	C	D	E
편차(점)	-2	x	5	-4	2

3 아래 표는 학생 4명의 하루 동안의 SNS 사용 시간에 대한 편차를 조사하여 나타낸 것이다. 다음 설명 중 옳지 <u>않은</u> 것은?

학생	A	B	C	D
편차(분)	3	-4	x	1

① 학생 A의 SNS 사용 시간이 가장 길다.
② 학생 C의 SNS 사용 시간은 평균과 같다.
③ 학생 A가 학생 D보다 2분 더 많이 사용했다.
④ 학생 B의 SNS 사용 시간은 평균보다 짧다.
⑤ SNS 사용 시간이 긴 학생 순으로 나열하면 A, C, D, B이다.

4 다음 표는 학생 6명의 몸무게의 편차를 조사하여 나타낸 것이다. 몸무게의 표준편차는?

학생	A	B	C	D	E	F
편차(kg)	3	-5	4	0		1

① $\sqrt{7}$ kg   ② $2\sqrt{2}$ kg   ③ 3 kg
④ $\sqrt{10}$ kg   ⑤ $\sqrt{11}$ kg

5 5개의 변량 $a+1$, $14-a$, 11, 14, 15의 표준편차가 $\sqrt{10}$일 때, a의 값을 모두 구하시오.

6 다음 중 아래 자료에 대한 설명으로 옳은 것은?

(단위: 점)

| 7, | 6, | 11, | 9, | 14, |
| 13, | 5, | 7, | 8, | 10 |

① 평균은 10점이다.
② 평균보다 높은 값의 변량은 3개이다.
③ 평균에 대한 각 변량들의 편차의 제곱의 합은 60이다.
④ 분산은 9이다.
⑤ 표준편차는 $2\sqrt{2}$점이다.

7 아래 표는 건우와 영재가 4회에 걸쳐 줄넘기를 한 횟수를 조사하여 나타낸 것이다. 다음 설명 중 옳은 것은?

(단위: 회)

건우	30	22	25	23
영재	20	35	26	19

① 건우가 영재보다 줄넘기 횟수의 평균이 높다.
② 줄넘기 횟수에 대한 분산은 건우가 영재보다 크다.
③ 줄넘기 횟수의 분포가 더 고른 학생은 영재이다.
④ 건우의 줄넘기 횟수는 영재의 줄넘기 횟수보다 평균을 중심으로 모여 있다.
⑤ 영재의 줄넘기 횟수의 산포도가 건우의 줄넘기 횟수의 산포도보다 작다.

난 풀 수 있다. 고난도!!

도전 고난도

8 학생 6명의 미술 실기 점수의 평균은 8점이고 분산은 10이다. 6명 중에서 점수가 8점인 학생 한 명이 빠졌을 때, 나머지 5명의 미술 실기 점수의 분산을 구하시오.

07 산점도

산점도 : 두 변량 사이의 관련성을 알아보기 위해 두 변량의 순서쌍을 좌표로 하는 점을 좌표평면 위에 나타낸 그래프
→ 보통 두 변량을 x, y로, 순서쌍을 (x, y)로 나타낸다.

정답과 풀이 39쪽

01 아래 표는 음악동아리 학생 8명의 연습 시간과 실기 점수를 조사하여 나타낸 것이다. 연습 시간과 실기 점수의 산점도를 좌표평면 위에 그리시오.

연습 시간(시간)	3	3	4	4	1	2	5	1
실기 점수(점)	3	1	2	5	1	2	4	4

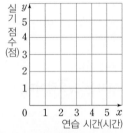

> **TIP** 연습 시간이 x시간, 실기 점수가 y점인 경우 순서쌍 (x, y)를 좌표평면 위에 점으로 나타낸다.

02 아래 표는 어느 단체 회원 9명의 일주일 동안의 운동 시간과 평균 수면 시간을 조사하여 나타낸 것이다. 운동 시간과 평균 수면 시간의 산점도를 좌표평면 위에 그리시오.

(단위: 시간)

운동 시간	1	4	3	2	2	3	1	3	5
평균 수면 시간	7	6	7	7	6	5	8	6	5

03 아래 표는 어느 동아리 학생 10명의 수학 점수와 과학 점수를 조사하여 나타낸 것이다. 수학 점수와 과학 점수의 산점도를 좌표평면 위에 그리시오.

(단위: 점)

수학 점수	60	75	65	80	90	70	85	100	90	95
과학 점수	60	80	70	75	95	65	85	95	100	90

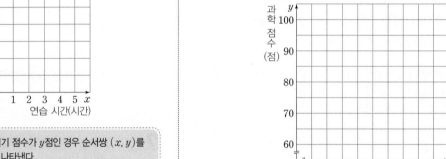

04 아래 표는 어느 반 학생 12명의 일주일 동안의 지출액과 저축액을 조사하여 나타낸 것이다. 지출액과 저축액의 산점도를 좌표평면 위에 그리시오.

(단위: 천 원)

학생	지출액	저축액	학생	지출액	저축액	학생	지출액	저축액
1	7	5	5	3	10	9	10	4
2	8	4	6	4	9	10	5	8
3	9	3	7	11	3	11	6	6
4	10	3	8	9	4	12	8	5

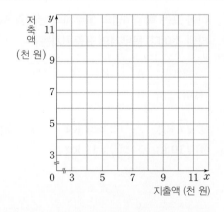

08 상관관계

1. 상관관계: 두 변량에 대하여 한 변량의 값이 변함에 따라 다른 변량의 값이 변하는 경향이 있을 때, 이 두 변량 사이의 관계

　　예 키와 신발 사이즈, 수학 공부 시간과 수학 성적, 위도와 평균 기온 등

2. 양의 상관관계: 두 변량 x와 y에 대하여 x의 값이 커짐에 따라 y의 값도 대체로 커지는 관계

3. 음의 상관관계: 두 변량 x와 y에 대하여 x의 값이 커짐에 따라 y의 값이 대체로 작아지는 관계

4. 양의 상관관계도 없고 음의 상관관계도 없는 경우에는 두 변량 사이에 상관관계가 없다고 한다.

참고 • 산점도에서 점들이 오른쪽 위로 향하는 경향이 있으면 양의 상관관계가 있다.
　　 • 산점도에서 점들이 오른쪽 아래로 향하는 경향이 있으면 음의 상관관계가 있다.

정답과 풀이 40쪽

[01~03] 아래 〈보기〉의 산점도에 대하여 다음에 알맞은 기호를 모두 골라 쓰시오.

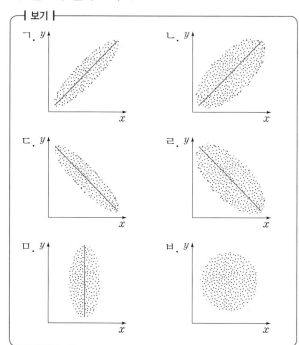

01 양의 상관관계가 있는 산점도

02 음의 상관관계가 있는 산점도

03 상관관계가 없는 산점도

[04~07] 두 변량 사이의 관계를 나타낸 다음 설명에서 □ 안에 '양' 또는 '음'을 알맞게 쓰시오.

04 통학 거리가 멀어지면 등교하는 데에 걸리는 시간도 대체로 길어지는 경향이 있다고 한다. 이때 통학 거리와 등교하는 데에 걸리는 시간 사이에는 □의 상관관계가 있다.

05 주행 거리가 늘어나면 중고 자동차의 가격이 대체로 낮아지는 경향이 있다고 한다. 이때 주행 거리와 중고 자동차의 가격 사이에는 □의 상관관계가 있다.

06 물건의 가격이 비쌀수록 그 물건의 판매량이 대체로 적어지는 경향이 있다고 한다. 이때 물건의 가격과 판매량 사이에는 □의 상관관계가 있다.

07 자동차의 수가 증가할수록 공기 오염도는 대체로 높아지는 경향이 있다고 한다. 이때 자동차의 수와 공기 오염도 사이에는 □의 상관관계가 있다.

09 상관관계의 해석

양 또는 음의 상관관계가 있는 산점도에서

1. 점들이 한 직선에 가까이 몰려 있을수록 상관관계가 강하다고 한다.

2. 점들이 한 직선에 멀리 흩어져 있을수록 상관관계가 약하다고 한다.

> 참고1 아래 산점도에서 ①과 ②는 양의 상관관계가 있으며, ①은 ②보다 강한 상관관계가 있다.
> 또, ③과 ④는 음의 상관관계가 있으며, ③은 ④보다 강한 상관관계가 있다.

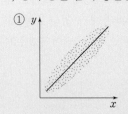 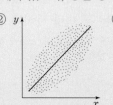 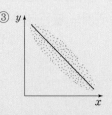 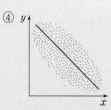

> 참고2 순서쌍 (x, y)를 좌표로 하는 점들을 나타낸 산점도에서 직선 $y=x$를 그으면
> ① 점 A가 있는 영역의 점, 즉 직선 $y=x$ 위쪽의 점들은 $x<y$이다.
> ② 점 B가 있는 영역의 점, 즉 직선 $y=x$ 아래쪽의 점들은 $x>y$이다.

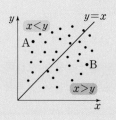

> 정답과 풀이 41쪽

[01~03] 아래 〈보기〉의 산점도에 대한 설명으로 옳은 것에는 ○표, 옳지 않은 것에는 ×표를 하시오.

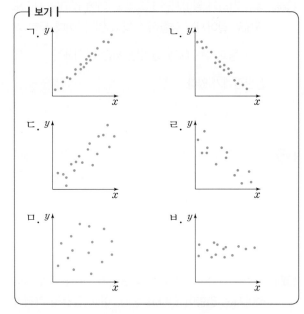

01 ㄱ은 ㄷ보다 강한 상관관계가 있다. (　　)

02 ㄹ은 ㄴ보다 강한 상관관계가 있다. (　　)

03 상관관계가 없는 산점도는 ㅁ뿐이다. (　　)

[04~06] 다음 〈보기〉의 산점도에 대하여 □ 안에 알맞은 것을 쓰시오.

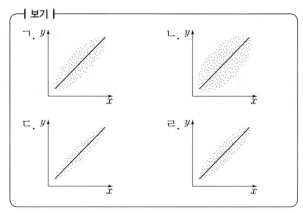

04 네 산점도 ㄱ, ㄴ, ㄷ, ㄹ은 모두 □의 상관관계가 있다.

05 ㄱ보다 강한 상관관계가 있는 산점도는 □, □이다.

06 상관관계가 강한 것부터 차례대로 나열하면 □, □, □, □이다.

[07~11] 다음은 어느 학교의 두 학급 A와 B에 각각 속한 25명의 학생들에 대하여 수학 공부 시간과 수학 성적 사이의 관계를 조사하여 나타낸 산점도이다. 다음 설명 중 옳은 것은 ○표, 옳지 않은 것은 ×표를 하시오.

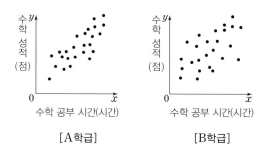

[A학급]   [B학급]

07 A 학급 학생들의 수학 공부 시간과 수학 성적 사이에는 양의 상관관계가 있다.   (   )

08 B 학급 학생들의 수학 공부 시간과 수학 성적 사이에는 음의 상관관계가 있다.   (   )

09 A 학급 학생들의 수학 공부 시간과 수학 성적의 산점도는 음의 기울기를 갖는 직선 주위에 몰려 있다.   (   )

10 B 학급 학생들의 수학 공부 시간과 수학 성적의 산점도는 양의 기울기를 갖는 직선 주위에 몰려 있다.   (   )

11 수학 공부 시간과 수학 성적 사이의 상관관계는 A 학급보다 B 학급이 더 강하다.   (   )

[12~16] 아래 그림은 어느 학급 학생 25명의 국어 점수와 영어 점수를 조사하여 나타낸 산점도이다. 다음 설명 중 옳은 것은 ○표, 옳지 않은 것은 ×표를 하시오.

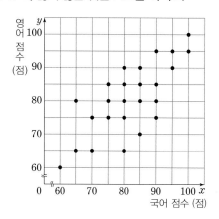

12 국어 점수와 영어 점수가 같은 학생은 8명이다.   (   )

13 국어 점수가 영어 점수보다 높은 학생은 10명이다.   (   )

14 영어 점수가 국어 점수보다 높은 학생은 8명이다.   (   )

15 국어 점수가 높을수록 영어 점수가 대체로 낮아지는 경향이 있다.   (   )

16 국어 점수와 영어 점수 사이에는 양의 상관관계가 있다.   (   )

07 산점도　**08** 상관관계

[1~2] 다음 표는 어느 수학 동아리 학생 16명의 수학 수행평가와 지필고사 성적을 조사하여 나타낸 것이다. 물음에 답하시오.

(단위: 점)

수행	지필	수행	지필	수행	지필	수행	지필
20	75	28	85	30	100	26	85
24	90	22	75	26	95	22	85
28	95	26	90	24	85	28	90
26	80	22	90	22	80	30	90

1 수학 수행평가와 지필고사 성적에 대한 산점도를 오른쪽 좌표평면 위에 그리시오.

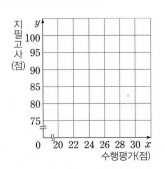

2 위 산점도에 대하여 다음 중 □ 안에 들어갈 것으로 알맞은 것을 차례대로 쓴 것은?

> 수학 수행평가 성적이 높을수록 수학 지필고사 성적이 대체로 [　　] 수학 수행평가와 지필고사 성적 사이에는 [　] 의 상관관계가 있다.

① 낮아지므로, 음　　② 낮아지므로, 양
③ 높아지므로, 음　　④ 높아지므로, 양
⑤ 변화가 없으므로, 양

3 음원으로부터의 거리가 멀어질수록 소리의 세기는 약해진다. 다음 중 음원으로부터의 거리 x와 소리의 세기 y 사이의 상관관계를 나타낸 산점도는?

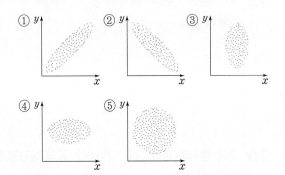

09 상관관계의 해석

4 아래의 그림 (가), (나)는 두 변량 x와 y 사이의 산점도를 나타낸 것이다. 다음 중 옳지 않은 것은?

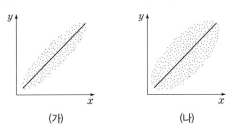

(가)　　　　　(나)

① (가)는 (나)보다 상관관계가 강하다.
② (나)는 x와 y 사이에는 상관관계가 없다.
③ (가)는 x와 y 사이에는 양의 상관관계가 있다.
④ (가)는 점들이 오른쪽 위로 향하는 경향이 있다.
⑤ (나)는 점들이 양의 기울기를 갖는 직선 주위에 모여 있다.

5 아래 그림은 두 학급 A와 B의 학생들에 대하여 휴대폰 사용 시간 x와 학습 시간 y를 조사하여 나타낸 산점도이다. 다음 설명 중 옳은 것은?

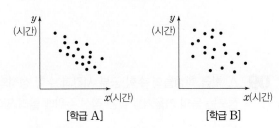

[학급 A]　　　　　[학급 B]

① 학급 A에서 휴대폰 사용 시간과 학습 시간 사이에는 양의 상관관계가 있다.
② 학급 B에서 휴대폰 사용 시간이 많을수록 학습 시간도 대체로 많아지는 경향이 있다.
③ 두 학급 A와 B는 휴대폰 사용 시간과 학습 시간 사이의 상관관계에 있어 다른 경향을 가진다.
④ 학급 B에서 휴대폰 사용 시간이 가장 많은 학생은 학습 시간이 가장 적다.
⑤ 휴대폰 사용 시간과 학습 시간 사이의 상관관계는 학급 B보다 학급 A가 더 강하다.

꼭 알아야 할 개념 ✍

	1차	2차	시험 직전
자료를 산점도로 나타내기			
양의 상관관계와 음의 상관관계 알기			

1 다음 중 산점도에 대한 설명으로 옳은 것은?

① 산점도는 분산을 그래프로 나타낸 것이다.
② 산점도를 이용해 두 자료의 평균을 정확히 비교할 수 있다.
③ 양의 상관관계가 있는 산점도는 점들이 기울기가 양수인 한 직선에 가까이 모여 있다.
④ 상관관계가 있는 산점도에서 점들이 한 직선에 가까이 몰려 있을수록 상관관계가 약하다.
⑤ 점들이 한 직선 가까이에 모여 있는 산점도는 항상 상관관계가 있다.

2 다음 중 두 변량 사이에 오른쪽 그림과 같은 상관관계가 있다고 할 수 없는 것은?

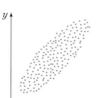

① 키와 몸무게
② 강수량과 습도
③ 여름철 온도와 에어컨 사용량
④ 물건의 판매량과 수입 금액
⑤ 하루 중 낮의 길이와 밤의 길이

3 오른쪽 그림은 어느 단체의 회원 20명의 키와 발 크기에 대한 산점도이다. 다음 설명 중 옳지 않은 것은?

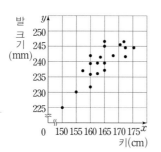

① 키가 170 cm 이상인 학생들은 5명이다.
② 키가 가장 작은 회원은 발 크기도 가장 작다.
③ 발 크기가 235 mm 미만인 학생은 3명이다.
④ 이 단체 회원들의 키와 발 크기 사이에는 양의 상관관계가 있다.
⑤ 키가 가장 큰 회원은 발 크기도 가장 크다.

4 오른쪽 그림은 어느 학급의 학생 15명의 왼쪽 눈의 시력 x, 오른쪽 눈의 시력 y를 조사하여 나타낸 산점도이다. 다음 설명 중 옳은 것은?

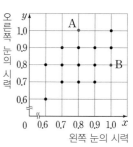

① 왼쪽 눈의 시력과 오른쪽 눈의 시력 사이에는 음의 상관관계가 있다.
② 학생 A는 왼쪽 눈의 시력이 오른쪽 눈의 시력보다 더 좋다.
③ 학생 B는 오른쪽 눈의 시력이 왼쪽 눈의 시력보다 더 좋다.
④ 오른쪽 눈의 시력이 가장 나쁜 학생은 왼쪽 눈의 시력도 가장 나쁘다.
⑤ 왼쪽 눈과 오른쪽 눈의 시력이 같은 학생의 수는 4명이다.

난 풀 수 있다. 고난도!!

도전 고난도

5 오른쪽 그림은 자전거 동아리 회원 24명의 자전거 타기 운동 시간에 따른 열량 소모량을 조사하여 나타낸 것이다. 파란 직선

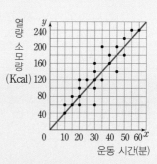

위의 점들이 자전거를 탄 시간에 대해 평균적으로 소모되는 열량을 나타낼 때, 이 동아리 회원 중 평균적인 열량 소모량에 못 미치는 회원은 전체 회원의 몇 %인지 구하시오.

이제 서술형도 가능하지!∼!!
쉬운 서술형

1 아래의 자료는 학생 6명이 가지고 있는 필기도구의 개수를 조사하여 나타낸 것이다. 필기도구의 개수의 평균이 8개일 때, 다음을 구하시오.

(단위: 개)

$$5, \quad x, \quad 6, \quad 10, \quad 9, \quad 8$$

(1) x의 값
(2) 중앙값
(3) 최빈값

 풀이

2 아래 표는 아랑이네 반 학생 5명의 일주일 동안의 운동 시간에 대한 편차를 나타낸 것이다. 다음을 구하시오.

운동 시간(시간)	48	A	44	47	B
편차(시간)	2	x	-2	1	-3

(1) 운동 시간의 평균
(2) x의 값
(3) A의 값
(4) B의 값

 풀이

3 아래 표는 두 학생 하린이와 예지의 5일 동안의 수면 시간을 조사하여 나타낸 것이다. 다음을 구하시오.

(단위: 시간)

하린	2	7	8	3	10
예지	6	7	7	6	4

(1) 하린이의 수면 시간의 평균과 표준편차
(2) 예지의 수면 시간의 평균과 표준편차
(3) 하린이와 예지 중 수면 시간이 더 고른 사람

풀이

4 아래 표는 학생 10명이 각각 5문항으로 이루어진 1, 2차 수학 쪽지 시험에서 맞힌 문항 수를 조사하여 나타낸 것이다. 다음 물음에 답하시오.

(단위: 개)

1차	4	3	5	2	3	1	2	4	1	5
2차	5	4	4	3	3	2	2	4	1	5

(1) 1차와 2차 수학 쪽지 시험에서 맞힌 문항 수에 대한 산점도를 오른쪽 좌표평면 위에 그리시오.

(2) 1차와 2차 수학 쪽지 시험에서 맞힌 문항 수 사이에는 어떤 상관관계가 있는지 말하시오.

풀이

삼각비의 표

각	sin	cos	tan	각	sin	cos	tan
0°	0.0000	1.0000	0.0000	45°	0.7071	0.7071	1.0000
1°	0.0175	0.9998	0.0175	46°	0.7193	0.6947	1.0355
2°	0.0349	0.9994	0.0349	47°	0.7314	0.6820	1.0724
3°	0.0523	0.9986	0.0524	48°	0.7431	0.6691	1.1106
4°	0.0698	0.9976	0.0699	49°	0.7547	0.6561	1.1504
5°	0.0872	0.9962	0.0875	50°	0.7660	0.6428	1.1918
6°	0.1045	0.9945	0.1051	51°	0.7771	0.6293	1.2349
7°	0.1219	0.9925	0.1228	52°	0.7880	0.6157	1.2799
8°	0.1392	0.9903	0.1405	53°	0.7986	0.6018	1.3270
9°	0.1564	0.9877	0.1584	54°	0.8090	0.5878	1.3764
10°	0.1736	0.9848	0.1763	55°	0.8192	0.5736	1.4281
11°	0.1908	0.9816	0.1944	56°	0.8290	0.5592	1.4826
12°	0.2079	0.9781	0.2126	57°	0.8387	0.5446	1.5399
13°	0.2250	0.9744	0.2309	58°	0.8480	0.5299	1.6003
14°	0.2419	0.9703	0.2493	59°	0.8572	0.5150	1.6643
15°	0.2588	0.9659	0.2679	60°	0.8660	0.5000	1.7321
16°	0.2756	0.9613	0.2867	61°	0.8746	0.4848	1.8040
17°	0.2924	0.9563	0.3057	62°	0.8829	0.4695	1.8807
18°	0.3090	0.9511	0.3249	63°	0.8910	0.4540	1.9626
19°	0.3256	0.9455	0.3443	64°	0.8988	0.4384	2.0503
20°	0.3420	0.9397	0.3640	65°	0.9063	0.4226	2.1445
21°	0.3584	0.9336	0.3839	66°	0.9135	0.4067	2.2460
22°	0.3746	0.9272	0.4040	67°	0.9205	0.3907	2.3559
23°	0.3907	0.9205	0.4245	68°	0.9272	0.3746	2.4751
24°	0.4067	0.9135	0.4452	69°	0.9336	0.3584	2.6051
25°	0.4226	0.9063	0.4663	70°	0.9397	0.3420	2.7475
26°	0.4384	0.8988	0.4877	71°	0.9455	0.3256	2.9042
27°	0.4540	0.8910	0.5095	72°	0.9511	0.3090	3.0777
28°	0.4695	0.8829	0.5317	73°	0.9563	0.2924	3.2709
29°	0.4848	0.8746	0.5543	74°	0.9613	0.2756	3.4874
30°	0.5000	0.8660	0.5774	75°	0.9659	0.2588	3.7321
31°	0.5150	0.8572	0.6009	76°	0.9703	0.2419	4.0108
32°	0.5299	0.8480	0.6249	77°	0.9744	0.2250	4.3315
33°	0.5446	0.8387	0.6494	78°	0.9781	0.2079	4.7046
34°	0.5592	0.8290	0.6745	79°	0.9816	0.1908	5.1446
35°	0.5736	0.8192	0.7002	80°	0.9848	0.1736	5.6713
36°	0.5878	0.8090	0.7265	81°	0.9877	0.1564	6.3138
37°	0.6018	0.7986	0.7536	82°	0.9903	0.1392	7.1154
38°	0.6157	0.7880	0.7813	83°	0.9925	0.1219	8.1443
39°	0.6293	0.7771	0.8098	84°	0.9945	0.1045	9.5144
40°	0.6428	0.7660	0.8391	85°	0.9962	0.0872	11.4301
41°	0.6561	0.7547	0.8693	86°	0.9976	0.0698	14.3007
42°	0.6691	0.7431	0.9004	87°	0.9986	0.0523	19.0811
43°	0.6820	0.7314	0.9325	88°	0.9994	0.0349	28.6363
44°	0.6947	0.7193	0.9657	89°	0.9998	0.0175	57.2900
45°	0.7071	0.7071	1.0000	90°	1.0000	1.0000	

MEMO

MEMO

MEMO

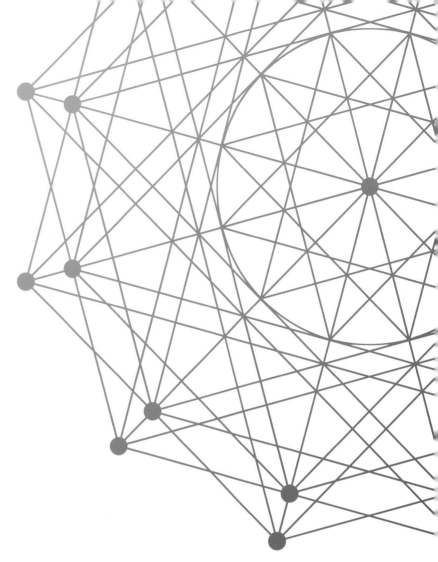

고등
예비
과정

개정 교육과정
새 교과서 반영

중3 겨울방학,
고교 입학전에 꼭 봐야 하는
EBS 필수 아이템!

–고등학교 새 학년에 배우는 **주요 개념들을 일목요연하게 정리**
–**단기간에 쉽게** 학습할 수 있도록 구성
–학교 시험에 쉽게 적응할 수 있는 필수 유형
–내신 대비 서술형·주관식 문항 강화

국어 / 수학 / 영어 / 사회 / 과학 / 한국사

필독

중학 국어로 수능 잡기

✦ **필독** 중학 국어로 수능 잡기 시리즈

| 문학 | 비문학 독해 | 문법 | 교과서 시 | 교과서 소설 |

EBS

하루 한 장으로
규칙적인 수학 습관을 기르자!

한장 수학

중학 수학 3(하)

 전체 단원 100% 무료 강의 제공
mid.ebs.co.kr(인터넷)

정답과 풀이

정답과 풀이

Ⅴ 삼각비

01 삼각비의 뜻

본문 8쪽

01 (1) $\dfrac{3}{5}$ (2) $\dfrac{4}{5}$ (3) $\dfrac{3}{4}$ **02** (1) $\dfrac{5}{13}$ (2) $\dfrac{12}{13}$ (3) $\dfrac{5}{12}$

03 (1) $\dfrac{2}{3}$ (2) $\dfrac{\sqrt{5}}{3}$ (3) $\dfrac{2\sqrt{5}}{5}$ **04** (1) $\dfrac{4}{5}$ (2) $\dfrac{3}{5}$ (3) $\dfrac{4}{3}$

05 (1) $\dfrac{15}{17}$ (2) $\dfrac{8}{17}$ (3) $\dfrac{15}{8}$

06 (1) $\dfrac{3\sqrt{2}}{5}$ (2) $\dfrac{\sqrt{7}}{5}$ (3) $\dfrac{3\sqrt{14}}{7}$

07 (1) 5 (2) $\sin A=\dfrac{4}{5}$, $\cos A=\dfrac{3}{5}$, $\tan A=\dfrac{4}{3}$

08 (1) 12 (2) $\sin C=\dfrac{5}{13}$, $\cos C=\dfrac{12}{13}$, $\tan C=\dfrac{5}{12}$

09 (1) $\sqrt{7}$ (2) $\sin C=\dfrac{3}{4}$, $\cos C=\dfrac{\sqrt{7}}{4}$, $\tan C=\dfrac{3\sqrt{7}}{7}$

10 (1) $\dfrac{2}{3}$ (2) $\dfrac{\sqrt{5}}{3}$ (3) $\dfrac{2\sqrt{5}}{5}$ (4) $\dfrac{\sqrt{5}}{3}$ (5) $\dfrac{2}{3}$ (6) $\dfrac{\sqrt{5}}{2}$

11 (1) $\dfrac{1}{2}$ (2) $\dfrac{\sqrt{3}}{2}$ (3) $\dfrac{\sqrt{3}}{3}$ (4) $\dfrac{\sqrt{3}}{2}$ (5) $\dfrac{1}{2}$ (6) $\sqrt{3}$

12 (1) $\dfrac{\sqrt{10}}{10}$ (2) $\dfrac{3\sqrt{10}}{10}$ (3) $\dfrac{1}{3}$ (4) $\dfrac{3\sqrt{10}}{10}$ (5) $\dfrac{\sqrt{10}}{10}$ (6) 3

01 (1) $\sin A=\dfrac{\overline{BC}}{\overline{AC}}=\dfrac{3}{5}$

  (2) $\cos A=\dfrac{\overline{AB}}{\overline{AC}}=\dfrac{4}{5}$

  (3) $\tan A=\dfrac{\overline{BC}}{\overline{AB}}=\dfrac{3}{4}$

02 (1) $\sin A=\dfrac{\overline{BC}}{\overline{AC}}=\dfrac{5}{13}$

  (2) $\cos A=\dfrac{\overline{AB}}{\overline{AC}}=\dfrac{12}{13}$

  (3) $\tan A=\dfrac{\overline{BC}}{\overline{AB}}=\dfrac{5}{12}$

03 (1) $\sin A=\dfrac{\overline{BC}}{\overline{AB}}=\dfrac{2}{3}$

  (2) $\cos A=\dfrac{\overline{AC}}{\overline{AB}}=\dfrac{\sqrt{5}}{3}$

  (3) $\tan A=\dfrac{\overline{BC}}{\overline{AC}}=\dfrac{2}{\sqrt{5}}=\dfrac{2\sqrt{5}}{5}$

04 (1) $\sin C=\dfrac{\overline{AB}}{\overline{AC}}=\dfrac{8}{10}=\dfrac{4}{5}$

  (2) $\cos C=\dfrac{\overline{BC}}{\overline{AC}}=\dfrac{6}{10}=\dfrac{3}{5}$

  (3) $\tan C=\dfrac{\overline{AB}}{\overline{BC}}=\dfrac{8}{6}=\dfrac{4}{3}$

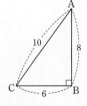

05 (1) $\sin C=\dfrac{\overline{AB}}{\overline{AC}}=\dfrac{15}{17}$

  (2) $\cos C=\dfrac{\overline{BC}}{\overline{AC}}=\dfrac{8}{17}$

  (3) $\tan C=\dfrac{\overline{AB}}{\overline{BC}}=\dfrac{15}{8}$

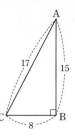

06 (1) $\sin C=\dfrac{\overline{AB}}{\overline{AC}}=\dfrac{3\sqrt{2}}{5}$

  (2) $\cos C=\dfrac{\overline{BC}}{\overline{AC}}=\dfrac{\sqrt{7}}{5}$

  (3) $\tan C=\dfrac{\overline{AB}}{\overline{BC}}=\dfrac{3\sqrt{2}}{\sqrt{7}}=\dfrac{3\sqrt{14}}{7}$

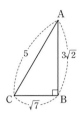

07 (1) 피타고라스 정리에 의해
  $$\overline{AC}=\sqrt{3^2+4^2}=\sqrt{25}=5$$

  (2) $\sin A=\dfrac{\overline{BC}}{\overline{AC}}=\dfrac{4}{5}$

  $\cos A=\dfrac{\overline{AB}}{\overline{AC}}=\dfrac{3}{5}$

  $\tan A=\dfrac{\overline{BC}}{\overline{AB}}=\dfrac{4}{3}$

08 (1) 피타고라스 정리에 의해
  $$\overline{BC}=\sqrt{13^2-5^2}=\sqrt{144}=12$$

  (2) $\sin C=\dfrac{\overline{AB}}{\overline{AC}}=\dfrac{5}{13}$

  $\cos C=\dfrac{\overline{BC}}{\overline{AC}}=\dfrac{12}{13}$

  $\tan C=\dfrac{\overline{AB}}{\overline{BC}}=\dfrac{5}{12}$

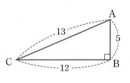

09 (1) 피타고라스 정리에 의해
  $$\overline{BC}=\sqrt{4^2-3^2}=\sqrt{7}$$

  (2) $\sin C=\dfrac{\overline{AB}}{\overline{AC}}=\dfrac{3}{4}$

  $\cos C=\dfrac{\overline{BC}}{\overline{AC}}=\dfrac{\sqrt{7}}{4}$

  $\tan C=\dfrac{\overline{AB}}{\overline{BC}}=\dfrac{3}{\sqrt{7}}=\dfrac{3\sqrt{7}}{7}$

10 피타고라스 정리에 의해
  $$\overline{AB}=\sqrt{3^2-2^2}=\sqrt{5}$$

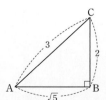 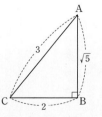

(1) $\sin A = \dfrac{2}{3}$

(2) $\cos A = \dfrac{\sqrt{5}}{3}$

(3) $\tan A = \dfrac{2}{\sqrt{5}} = \dfrac{2\sqrt{5}}{5}$

(4) $\sin C = \dfrac{\sqrt{5}}{3}$

(5) $\cos C = \dfrac{2}{3}$

(6) $\tan C = \dfrac{\sqrt{5}}{2}$

11 피타고라스 정리에 의해
$$\overline{BC} = \sqrt{4^2 - (2\sqrt{3})^2} = \sqrt{4} = 2$$

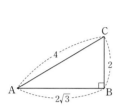 

(1) $\sin A = \dfrac{2}{4} = \dfrac{1}{2}$

(2) $\cos A = \dfrac{2\sqrt{3}}{4} = \dfrac{\sqrt{3}}{2}$

(3) $\tan A = \dfrac{2}{2\sqrt{3}} = \dfrac{1}{\sqrt{3}} = \dfrac{\sqrt{3}}{3}$

(4) $\sin C = \dfrac{2\sqrt{3}}{4} = \dfrac{\sqrt{3}}{2}$

(5) $\cos C = \dfrac{2}{4} = \dfrac{1}{2}$

(6) $\tan C = \dfrac{2\sqrt{3}}{2} = \sqrt{3}$

12 피타고라스 정리에 의해
$$\overline{AB} = \sqrt{(\sqrt{10})^2 - 1^2} = \sqrt{9} = 3$$

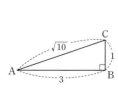 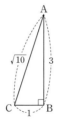

(1) $\sin A = \dfrac{1}{\sqrt{10}} = \dfrac{\sqrt{10}}{10}$

(2) $\cos A = \dfrac{3}{\sqrt{10}} = \dfrac{3\sqrt{10}}{10}$

(3) $\tan A = \dfrac{1}{3}$

(4) $\sin C = \dfrac{3}{\sqrt{10}} = \dfrac{3\sqrt{10}}{10}$

(5) $\cos C = \dfrac{1}{\sqrt{10}} = \dfrac{\sqrt{10}}{10}$

(6) $\tan C = \dfrac{3}{1} = 3$

02 삼각비를 이용하여 삼각형의 변의 길이 구하기

01 6, 3, 3, $3\sqrt{3}$ **02** 9, 6, 6, $3\sqrt{5}$

03 $x = 6\sqrt{2}$, $y = 6\sqrt{2}$ **04** $x = 3\sqrt{5}$, $y = 6$

05 $x = 4$, $y = 2\sqrt{13}$

01 $\cos B = \dfrac{\overline{BC}}{\boxed{6}} = \dfrac{1}{2}$이므로
$$\overline{BC} = \boxed{3}$$
피타고라스 정리에 의해
$$\overline{AC} = \sqrt{6^2 - \boxed{3}^2}$$
$$= \sqrt{27} = \boxed{3\sqrt{3}}$$

02 $\sin A = \dfrac{\overline{BC}}{\boxed{9}} = \dfrac{2}{3}$이므로
$$\overline{BC} = \boxed{6}$$
피타고라스 정리에 의해
$$\overline{AB} = \sqrt{9^2 - \boxed{6}^2}$$
$$= \sqrt{45} = \boxed{3\sqrt{5}}$$

03 $\sin A = \dfrac{\sqrt{2}}{2}$이므로
$$\dfrac{x}{12} = \dfrac{\sqrt{2}}{2}$$
$$2x = 12\sqrt{2}$$
$$\therefore x = 6\sqrt{2}$$
피타고라스 정리에 의해
$$y = \sqrt{12^2 - (6\sqrt{2})^2}$$
$$= \sqrt{72} = 6\sqrt{2}$$

04 $\cos A = \dfrac{\sqrt{5}}{3}$이므로
$$\dfrac{x}{9} = \dfrac{\sqrt{5}}{3}, \ 3x = 9\sqrt{5}$$
$$\therefore x = 3\sqrt{5}$$
피타고라스 정리에 의해
$$y = \sqrt{9^2 - (3\sqrt{5})^2}$$
$$= \sqrt{36} = 6$$

05 $\tan A = \dfrac{2}{3}$이므로
$$\dfrac{x}{6} = \dfrac{2}{3}, \ 3x = 12$$
$$\therefore x = 4$$
피타고라스 정리에 의해
$$y = \sqrt{6^2 + 4^2} = \sqrt{52}$$
$$= 2\sqrt{13}$$

03 한 삼각비의 값을 알 때, 다른 삼각비의 값 구하기

01 풀이 참조   **02** 풀이 참조

03 $\cos A=\dfrac{4}{5}$, $\tan A=\dfrac{3}{4}$

04 $\sin A=\dfrac{2\sqrt{2}}{3}$, $\tan A=2\sqrt{2}$

05 $\sin A=\dfrac{2\sqrt{5}}{5}$, $\cos A=\dfrac{\sqrt{5}}{5}$

06 $\cos A=\dfrac{\sqrt{3}}{3}$, $\tan A=\sqrt{2}$

01 오른쪽 그림과 같이 $\sin A=\dfrac{1}{2}$인

직각삼각형을 그리면

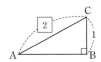

$\overline{AB}=\sqrt{\boxed{2}^2-1^2}=\sqrt{\boxed{3}}$

$\cos A=\dfrac{\overline{AB}}{\overline{AC}}=\dfrac{\sqrt{3}}{\boxed{2}}$

$\tan A=\dfrac{\overline{BC}}{\overline{AB}}=\dfrac{1}{\sqrt{3}}=\dfrac{\sqrt{3}}{\boxed{3}}$

02 오른쪽 그림과 같이 $\tan A=\dfrac{1}{2}$인

직각삼각형을 그리면

$\overline{AC}=\sqrt{\boxed{2}^2+1^2}=\sqrt{\boxed{5}}$

$\sin A=\dfrac{\overline{BC}}{\overline{AC}}=\dfrac{1}{\sqrt{5}}=\dfrac{\sqrt{5}}{5}$

$\cos A=\dfrac{\overline{AB}}{\overline{AC}}=\dfrac{2}{\sqrt{5}}=\dfrac{2\sqrt{5}}{5}$

03 $\angle B=90°$, $\sin A=\dfrac{3}{5}$이므로 다음 그림과 같이 $\overline{AC}=5$, $\overline{BC}=3$인 직각삼각형 ABC를 그릴 수 있다.

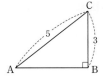

$\overline{AB}=\sqrt{5^2-3^2}=\sqrt{16}=4$

$\therefore \cos A=\dfrac{4}{5}$, $\tan A=\dfrac{3}{4}$

04 $\angle B=90°$, $\cos A=\dfrac{1}{3}$이므로 다음 그림과 같이 $\overline{AC}=3$, $\overline{AB}=1$인 직각삼각형 ABC를 그릴 수 있다.

$\overline{BC}=\sqrt{3^2-1^2}=\sqrt{8}=2\sqrt{2}$

$\therefore \sin A=\dfrac{2\sqrt{2}}{3}$

$\tan A=\dfrac{2\sqrt{2}}{1}=2\sqrt{2}$

05 $\angle B=90°$, $\tan A=2$이므로 다음 그림과 같이 $\overline{AB}=1$, $\overline{BC}=2$인 직각삼각형 ABC를 그릴 수 있다.

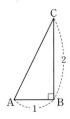

$\overline{AC}=\sqrt{1^2+2^2}=\sqrt{5}$

$\therefore \sin A=\dfrac{2}{\sqrt{5}}=\dfrac{2\sqrt{5}}{5}$

$\cos A=\dfrac{1}{\sqrt{5}}=\dfrac{\sqrt{5}}{5}$

06 $\angle B=90°$, $\sin A=\dfrac{\sqrt{6}}{3}$이므로 다음 그림과 같이 $\overline{AC}=3$, $\overline{BC}=\sqrt{6}$인 직각삼각형 ABC를 그릴 수 있다.

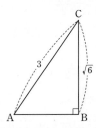

$\overline{AB}=\sqrt{3^2-(\sqrt{6})^2}=\sqrt{3}$

$\therefore \cos A=\dfrac{\sqrt{3}}{3}$

$\tan A=\dfrac{\sqrt{6}}{\sqrt{3}}=\sqrt{2}$

04 직각삼각형의 닮음과 삼각비

01 (1) $\overline{AC}$, $\overline{AB}$, $\overline{CD}$ (2) $\overline{AB}$, $\overline{BD}$, $\overline{AC}$
(3) $\overline{AB}$, $\overline{BD}$, $\overline{CD}$

02 (1) ∠ACB (2) $\dfrac{12}{13}$ (3) $\dfrac{5}{13}$ (4) $\dfrac{12}{5}$

03 (1) 10 (2) ∠ABC (3) $\dfrac{3}{5}$ (4) $\dfrac{4}{5}$ (5) $\dfrac{3}{4}$

04 $\sqrt{3}$ **05** $\dfrac{23}{17}$ **06** $\dfrac{\sqrt{5}}{10}$

01 △ABC∽△DAC (AA 닮음)이므로
  ∠ABC=∠DAC=x
  △ABC, △DBA, △DAC에서

  (1) $\sin x = \dfrac{\overline{AC}}{\overline{BC}} = \dfrac{\overline{AD}}{\overline{AB}} = \dfrac{\overline{CD}}{\overline{AC}}$

  (2) $\cos x = \dfrac{\overline{AB}}{\overline{BC}} = \dfrac{\overline{BD}}{\overline{AB}} = \dfrac{\overline{AD}}{\overline{AC}}$

  (3) $\tan x = \dfrac{\overline{AC}}{\overline{AB}} = \dfrac{\overline{AD}}{\overline{BD}} = \dfrac{\overline{CD}}{\overline{AD}}$

02 (1) △ABC와 △HBA에서
  ∠B는 공통, ∠BAC=∠BHA=90°이므로
  △ABC∽△HBA (AA 닮음)
  ∴ ∠C=∠HAB=∠x

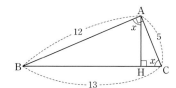

  (2) $\sin x = \sin C = \dfrac{\overline{AB}}{\overline{BC}} = \dfrac{12}{13}$

  (3) $\cos x = \cos C = \dfrac{\overline{AC}}{\overline{BC}} = \dfrac{5}{13}$

  (4) $\tan x = \tan C = \dfrac{\overline{AB}}{\overline{AC}} = \dfrac{12}{5}$

03 (1) △ABC에서
  $\overline{BC} = \sqrt{8^2 + 6^2} = \sqrt{100} = 10$
  (2) △ABC와 △HAC에서
  ∠C는 공통, ∠BAC=∠AHC=90°이므로
  △ABC∽△HAC (AA 닮음)
  ∴ ∠B=∠HAC=∠x

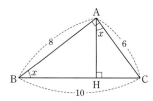

  (3) $\sin x = \sin B = \dfrac{\overline{AC}}{\overline{BC}} = \dfrac{6}{10} = \dfrac{3}{5}$

  (4) $\cos x = \cos B = \dfrac{\overline{AB}}{\overline{BC}} = \dfrac{8}{10} = \dfrac{4}{5}$

  (5) $\tan x = \tan B = \dfrac{\overline{AC}}{\overline{AB}} = \dfrac{6}{8} = \dfrac{3}{4}$

04 △ABH∽△CAH (AA 닮음)이므로
  ∠ACH=∠BAH=∠x
  ∠ABH=∠CAH=∠y

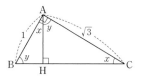

  이때 △ABC에서
  $\overline{BC} = \sqrt{1^2 + (\sqrt{3})^2} = \sqrt{4} = 2$이므로
  $\cos x = \dfrac{\overline{AC}}{\overline{BC}} = \dfrac{\sqrt{3}}{2}$
  $\sin y = \dfrac{\overline{AC}}{\overline{BC}} = \dfrac{\sqrt{3}}{2}$
  ∴ $\cos x + \sin y = \dfrac{\sqrt{3}}{2} + \dfrac{\sqrt{3}}{2} = \sqrt{3}$

05 △ABH∽△CAH (AA 닮음)이므로
  ∠ACH=∠BAH=∠x
  ∠ABH=∠CAH=∠y

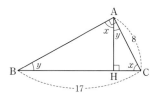

  이때 △ABC에서
  $\overline{AB} = \sqrt{17^2 - 8^2} = \sqrt{225} = 15$이므로
  $\sin x = \dfrac{\overline{AB}}{\overline{BC}} = \dfrac{15}{17}$
  $\sin y = \dfrac{\overline{AC}}{\overline{BC}} = \dfrac{8}{17}$
  ∴ $\sin x + \sin y = \dfrac{15}{17} + \dfrac{8}{17} = \dfrac{23}{17}$

06 △HBA∽△ABC (AA 닮음)이므로
  ∠ACB=∠HAB=∠x

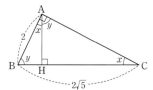

  이때 △ABC에서
  $\overline{AC} = \sqrt{(2\sqrt{5})^2 - 2^2} = \sqrt{16} = 4$이므로

정답과 풀이 **5**

$\tan x = \dfrac{\overline{\mathrm{AB}}}{\overline{\mathrm{AC}}} = \dfrac{2}{4} = \dfrac{1}{2}$

$\cos y = \dfrac{\overline{\mathrm{AB}}}{\overline{\mathrm{BC}}} = \dfrac{2}{2\sqrt{5}} = \dfrac{\sqrt{5}}{5}$

$\therefore \tan x \times \cos y = \dfrac{1}{2} \times \dfrac{\sqrt{5}}{5} = \dfrac{\sqrt{5}}{10}$

본문 13쪽

05 30°, 45°, 60°의 삼각비의 값

01 $\dfrac{1+\sqrt{3}}{2}$	02 0	03 $\dfrac{3}{2}$	04 $\dfrac{1}{4}$
05 $\dfrac{3\sqrt{3}}{2}$	06 60°	07 60°	08 45°
09 45°	10 30°		

01 $\sin 30° + \cos 30° = \dfrac{1}{2} + \dfrac{\sqrt{3}}{2} = \dfrac{1+\sqrt{3}}{2}$

02 $\cos 45° - \sin 45° = \dfrac{\sqrt{2}}{2} - \dfrac{\sqrt{2}}{2} = 0$

03 $\cos 60° + \tan 45° = \dfrac{1}{2} + 1 = \dfrac{3}{2}$

04 $\sin 30° \times \cos 60° = \dfrac{1}{2} \times \dfrac{1}{2} = \dfrac{1}{4}$

05 $\tan 60° + \sin 60° = \sqrt{3} + \dfrac{\sqrt{3}}{2} = \dfrac{3\sqrt{3}}{2}$

06 $\sin 60° = \dfrac{\sqrt{3}}{2}$

$\therefore \angle \mathrm{A} = 60°$

07 $\cos 60° = \dfrac{1}{2}$

$\therefore \angle \mathrm{A} = 60°$

08 $\tan 45° = 1$

$\therefore \angle \mathrm{A} = 45°$

09 $\sin 45° = \dfrac{\sqrt{2}}{2}$

$\therefore \angle \mathrm{A} = 45°$

10 $\tan 30° = \dfrac{\sqrt{3}}{3}$

$\therefore \angle \mathrm{A} = 30°$

본문 14쪽

06 30°, 45°, 60°의 삼각비를 이용하여 변의 길이 구하기

01 12, 12, 12, $6\sqrt{3}$	02 4		03 $3\sqrt{2}$
04 $2\sqrt{2}$	05 (1) $2\sqrt{3}$ (2) $2\sqrt{6}$ (3) 2 (4) $2\sqrt{3}+2$		
06 10	07 $\dfrac{5\sqrt{6}}{2}$	08 6	

01 $\cos 30° = \dfrac{\overline{\mathrm{AB}}}{\overline{\mathrm{AC}}} = \dfrac{\overline{\mathrm{AB}}}{\boxed{12}}$이므로

$\overline{\mathrm{AB}} = \boxed{12} \times \cos 30°$

$= \boxed{12} \times \dfrac{\sqrt{3}}{2} = \boxed{6\sqrt{3}}$

02 $\sin 60° = \dfrac{\sqrt{3}}{2}$이므로

$\dfrac{2\sqrt{3}}{x} = \dfrac{\sqrt{3}}{2}, \ \sqrt{3}x = 4\sqrt{3}$

$\therefore x = 4$

03 $\tan 45° = 1$이므로

$\dfrac{3\sqrt{2}}{x} = 1$

$\therefore x = 3\sqrt{2}$

04 $\cos 30° = \dfrac{\sqrt{3}}{2}$이므로

$\dfrac{\sqrt{6}}{x} = \dfrac{\sqrt{3}}{2}, \ \sqrt{3}x = 2\sqrt{6}$

$\therefore x = 2\sqrt{2}$

05 (1) △ADC에서

$\sin C = \sin 60° = \dfrac{\sqrt{3}}{2}$이므로

$\dfrac{\overline{\mathrm{AD}}}{4} = \dfrac{\sqrt{3}}{2}, \ 2\overline{\mathrm{AD}} = 4\sqrt{3}$

$\therefore \overline{\mathrm{AD}} = 2\sqrt{3}$

(2) △ABD에서

$\sin B = \sin 45° = \dfrac{\sqrt{2}}{2}$이므로

$\dfrac{2\sqrt{3}}{\overline{\mathrm{AB}}} = \dfrac{\sqrt{2}}{2}, \ \sqrt{2}\overline{\mathrm{AB}} = 4\sqrt{3}$

$\therefore \overline{\mathrm{AB}} = 2\sqrt{6}$

(3) △ADC에서

$\cos C = \cos 60° = \dfrac{1}{2}$이므로

$\dfrac{\overline{\mathrm{CD}}}{4} = \dfrac{1}{2}, \ 2\overline{\mathrm{CD}} = 4$

$\therefore \overline{\mathrm{CD}} = 2$

(4) △ABD에서

$\tan B = \tan 45° = 1$이므로

$\dfrac{\overline{\mathrm{AD}}}{\overline{\mathrm{BD}}} = 1, \ \dfrac{2\sqrt{3}}{\overline{\mathrm{BD}}} = 1$

$$\therefore \overline{BD}=2\sqrt{3}$$
$$\therefore \overline{BC}=\overline{BD}+\overline{CD}=2\sqrt{3}+2$$

다른 풀이

△ABD에서

$\cos B=\cos 45°=\dfrac{\sqrt{2}}{2}$이므로

$$\dfrac{\overline{BD}}{\overline{AB}}=\dfrac{\sqrt{2}}{2}$$

$$\dfrac{\overline{BD}}{2\sqrt{6}}=\dfrac{\sqrt{2}}{2},\ 2\overline{BD}=4\sqrt{3}$$

$$\therefore \overline{BD}=2\sqrt{3}$$
$$\therefore \overline{BC}=\overline{BD}+\overline{CD}=2\sqrt{3}+2$$

06 △BCD에서

$\tan D=\tan 45°=1$이므로

$$\dfrac{\overline{BC}}{5\sqrt{3}}=1$$

$$\therefore \overline{BC}=5\sqrt{3}$$

△ABC에서

$\cos (\angle ACB)=\cos 30°=\dfrac{\sqrt{3}}{2}$이므로

$$\dfrac{5\sqrt{3}}{x}=\dfrac{\sqrt{3}}{2}$$

$$\sqrt{3}x=10\sqrt{3}$$

$$\therefore x=10$$

07 △ABC에서

$\cos (\angle ACB)=\cos 30°=\dfrac{\sqrt{3}}{2}$이므로

$$\dfrac{\overline{AC}}{10}=\dfrac{\sqrt{3}}{2}$$

$$2\overline{AC}=10\sqrt{3}$$

$$\therefore \overline{AC}=5\sqrt{3}$$

△ACD에서

$\cos A=\cos 45°=\dfrac{\sqrt{2}}{2}$이므로

$$\dfrac{x}{5\sqrt{3}}=\dfrac{\sqrt{2}}{2}$$

$$2x=5\sqrt{6}$$

$$\therefore x=\dfrac{5\sqrt{6}}{2}$$

08 △ADC에서

$\tan (\angle ADC)=\tan 60°=\sqrt{3}$이므로

$$\dfrac{\overline{AC}}{3}=\sqrt{3}$$

$$\therefore \overline{AC}=3\sqrt{3}$$

△ABC에서

$\tan B=\tan 30°=\dfrac{\sqrt{3}}{3}$이므로

$$\dfrac{3\sqrt{3}}{x+3}=\dfrac{\sqrt{3}}{3}$$

$$\sqrt{3}(x+3)=3\sqrt{3}\times3$$

$$x+3=9 \quad \therefore x=6$$

07 사분원을 이용한 삼각비의 값

01 (1) $\overline{AB}$ (2) $\overline{OB}$ (3) $\overline{CD}$ (4) $\overline{OB}$ (5) $\overline{AB}$

02 (1) 0.6428 (2) 0.7660 (3) 0.8391

03 (1) 0.8192 (2) 0.5736 (3) 1.4281 (4) 0.5736

 (5) 0.8192

04 (1) 0.7986 (2) 0.6018 (3) 1.3270 (4) 0.6018

 (5) 0.7986

01 (1) $\sin x=\dfrac{\overline{AB}}{\overline{OA}}=\dfrac{\overline{AB}}{1}=\overline{AB}$

(2) $\cos x=\dfrac{\overline{OB}}{\overline{OA}}=\dfrac{\overline{OB}}{1}=\overline{OB}$

(3) $\tan x=\dfrac{\overline{CD}}{\overline{OD}}=\dfrac{\overline{CD}}{1}=\overline{CD}$

(4) $\sin y=\dfrac{\overline{OB}}{\overline{OA}}=\dfrac{\overline{OB}}{1}=\overline{OB}$

(5) $\cos y=\dfrac{\overline{AB}}{\overline{OA}}=\dfrac{\overline{AB}}{1}=\overline{AB}$

02 (1) $\sin 40°=\dfrac{\overline{AB}}{\overline{OA}}$

$$=\dfrac{0.6428}{1}=0.6428$$

(2) $\cos 40°=\dfrac{\overline{OB}}{\overline{OA}}$

$$=\dfrac{0.7660}{1}=0.7660$$

(3) $\tan 40°=\dfrac{\overline{CD}}{\overline{OD}}$

$$=\dfrac{0.8391}{1}=0.8391$$

03 (1) $\sin 55°=\dfrac{\overline{AB}}{\overline{OA}}$

$$=\dfrac{0.8192}{1}=0.8192$$

(2) $\cos 55°=\dfrac{\overline{OB}}{\overline{OA}}$

$$=\dfrac{0.5736}{1}=0.5736$$

(3) $\tan 55°=\dfrac{\overline{CD}}{\overline{OD}}$

$$=\dfrac{1.4281}{1}=1.4281$$

(4) △AOB에서

$\angle OAB=180°-(55°+90°)=35°$이므로

$$\sin 35°=\dfrac{\overline{OB}}{\overline{OA}}$$

$$=\dfrac{0.5736}{1}=0.5736$$

(5) $\cos 35° = \dfrac{\overline{AB}}{\overline{OA}}$

$= \dfrac{0.8192}{1} = 0.8192$

04 (1) $\sin 53° = \dfrac{\overline{AB}}{\overline{OA}}$

$= \dfrac{0.7986}{1} = 0.7986$

(2) $\cos 53° = \dfrac{\overline{OB}}{\overline{OA}}$

$= \dfrac{0.6018}{1} = 0.6018$

(3) $\tan 53° = \dfrac{\overline{CD}}{\overline{OD}}$

$= \dfrac{1.3270}{1} = 1.3270$

(4) △AOB에서

$\angle OAB = 180° - (53° + 90°) = 37°$이므로

$\sin 37° = \dfrac{\overline{OB}}{\overline{OA}}$

$= \dfrac{0.6018}{1} = 0.6018$

(5) $\cos 37° = \dfrac{\overline{AB}}{\overline{OA}}$

$= \dfrac{0.7986}{1} = 0.7986$

06 $\sin 90° + \cos 90° = 1 + 0 = 1$

07 $\tan 45° + \cos 90° = 1 + 0 = 1$

08 $\sin 90° - \cos 0° \times \tan 0° = 1 - 1 \times 0 = 1$

09 $\sin 90° \times 2 \cos 0° - \tan 45° = 1 \times 2 \times 1 - 1 = 1$

10 $\sin 90° \times \cos 60° - \sqrt{3} \tan 30°$

$= 1 \times \dfrac{1}{2} - \sqrt{3} \times \dfrac{\sqrt{3}}{3}$

$= \dfrac{1}{2} - 1$

$= -\dfrac{1}{2}$

11 $2(\sin 0° + \cos 0°) + \sqrt{3} \sin 60°$

$= 2 \times (0 + 1) + \sqrt{3} \times \dfrac{\sqrt{3}}{2}$

$= 2 + \dfrac{3}{2}$

$= \dfrac{7}{2}$

본문 16쪽

08 0°, 90°의 삼각비의 값

01 1	02 0	03 0	04 0
05 1	06 1	07 1	08 1
09 1	10 $-\dfrac{1}{2}$	11 $\dfrac{7}{2}$	

01 $\sin 0° + \cos 0° = 0 + 1 = 1$

02 $\tan 0° + \cos 90° = 0 + 0 = 0$

03 $\sin 90° - \cos 0° = 1 - 1 = 0$

04 $\cos 90° \times \tan 0° = 0 \times 0 = 0$

05 $\sin 0° + \cos 0° + \tan 0° = 0 + 1 + 0 = 1$

본문 17쪽

09 삼각비의 표

01 0.4384	02 0.4695	03 0.9135	04 0.8746
05 0.4663	06 0.5095	07 53°	08 55°
09 54°	10 56°	11 52°	12 53°

01 $\sin 26° = 0.4384$

02 $\sin 28° = 0.4695$

03 $\cos 24° = 0.9135$

04 $\cos 29° = 0.8746$

05 $\tan 25° = 0.4663$

06 $\tan 27° = 0.5095$

07 $\sin 53° = 0.7986$

∴ $\angle x = 53°$

08 $\cos 55° = 0.5736$

∴ $\angle x = 55°$

09 $\tan 54° = 1.3764$

∴ $\angle x = 54°$

10 $\tan 56° = 1.4826$

∴ $\angle x = 56°$

11 $\sin 52° = 0.7880$

∴ $\angle x = 52°$

12 $\cos 53° = 0.6018$

∴ $\angle x = 53°$

---

1 ⑤	2 $5\sqrt{3}$	3 ④	4 $\dfrac{15}{17}$
5 ③	6 ①	7 $126°$	

1 ①, ② $\sin A = \dfrac{a}{c}$

③, ④ $\cos A = \dfrac{b}{c}$

⑤ $\tan A = \dfrac{a}{b}$

따라서 옳은 것은 ⑤이다.

2 $\cos A = \dfrac{5}{7}$이므로

$\dfrac{x}{7\sqrt{3}} = \dfrac{5}{7}$, $7x = 35\sqrt{3}$

∴ $x = 5\sqrt{3}$

3 다음 그림과 같이 $\angle B = 90°$, $\overline{AC} = 5$, $\overline{BC} = 4$인 △ABC를 그릴 수 있다.

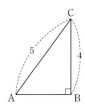

피타고라스 정리에 의해

$\overline{AB} = \sqrt{5^2 - 4^2} = 3$이므로

$\cos A = \dfrac{3}{5}$, $\tan A = \dfrac{4}{3}$

∴ $\cos A \times \tan A = \dfrac{3}{5} \times \dfrac{4}{3} = \dfrac{4}{5}$

4 △ABC에서

$\overline{BC} = \sqrt{8^2 + 15^2} = 17$

$\angle B = \angle CAH = \angle x$이므로

$\sin x = \dfrac{\overline{AC}}{\overline{BC}} = \dfrac{15}{17}$

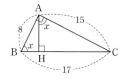

5 ① $\sin x = \dfrac{\overline{AB}}{\overline{OA}}$

$= \dfrac{\overline{AB}}{1} = \overline{AB}$

② $\cos x = \dfrac{\overline{OB}}{\overline{OA}}$

$= \dfrac{\overline{OB}}{1} = \overline{OB}$

③ $\tan x = \dfrac{\overline{CD}}{\overline{OD}}$

$= \dfrac{\overline{CD}}{1} = \overline{CD}$

④ $\overline{AB} /\!/ \overline{CD}$이므로 $\angle OAB = \angle y$

∴ $\sin y = \sin (\angle OAB)$

$= \dfrac{\overline{OB}}{\overline{OA}} = \dfrac{\overline{OB}}{1} = \overline{OB}$

⑤ $\cos y = \cos (\angle OAB)$

$= \dfrac{\overline{AB}}{\overline{OA}} = \dfrac{\overline{AB}}{1} = \overline{AB}$

따라서 옳은 것은 ③이다.

6 $\sin 60° \times (\cos 45° + \cos 60° - \sin 45° + \cos 90°)$

$= \dfrac{\sqrt{3}}{2} \times \left(\dfrac{\sqrt{2}}{2} + \dfrac{1}{2} - \dfrac{\sqrt{2}}{2} + 0 \right)$

$= \dfrac{\sqrt{3}}{2} \times \dfrac{1}{2}$

$= \dfrac{\sqrt{3}}{4}$

7 $\sin 64° = 0.8988$이므로

$\angle x = 64°$

$\tan 62° = 1.8807$이므로

$\angle y = 62°$

∴ $\angle x + \angle y = 64° + 62° = 126°$

1 $\dfrac{2\sqrt{7}}{3}$		**2** ③		**3** ③		**4** ④
5 ③		**6** 6.639		**7** $\dfrac{\sqrt{3}}{3}$		

1 $\overline{BC}=\sqrt{6^2-(2\sqrt{2})^2}=\sqrt{28}=2\sqrt{7}$

$\sin A=\dfrac{2\sqrt{7}}{6}=\dfrac{\sqrt{7}}{3}$

$\cos C=\dfrac{2\sqrt{7}}{6}=\dfrac{\sqrt{7}}{3}$

$\therefore \sin A+\cos C=\dfrac{\sqrt{7}}{3}+\dfrac{\sqrt{7}}{3}=\dfrac{2\sqrt{7}}{3}$

2 $\cos B=\dfrac{\overline{AB}}{\overline{BC}}=\dfrac{1}{2}$ 이므로

$\dfrac{6}{\overline{BC}}=\dfrac{1}{2}$　　$\therefore \overline{BC}=12$ cm

피타고라스 정리에 의해

$\overline{AC}=\sqrt{12^2-6^2}=6\sqrt{3}$ (cm)

$\therefore \triangle ABC=\dfrac{1}{2}\times\overline{AB}\times\overline{AC}$

$\qquad\qquad=\dfrac{1}{2}\times 6\times 6\sqrt{3}$

$\qquad\qquad=18\sqrt{3}$ (cm²)

3 $\triangle ABH \backsim \triangle CBA$ (AA 닮음)이므로

$\angle BCA=\angle BAH=\angle x$

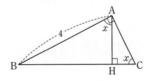

이때 $\tan x=2$ 이므로

$\triangle ABC$ 에서

$\tan x=\dfrac{4}{\overline{AC}}$

$\dfrac{4}{\overline{AC}}=2$

$\therefore \overline{AC}=2$

따라서 $\triangle ABC$ 에서 피타고라스 정리에 의해

$\overline{BC}=\sqrt{2^2+4^2}=\sqrt{20}=2\sqrt{5}$

4 $\triangle ABC$ 에서

$\tan 30°=\dfrac{4}{\overline{BC}}=\dfrac{1}{\sqrt{3}}$　　$\therefore \overline{BC}=4\sqrt{3}$

$\triangle ADC$ 에서

$\tan 45°=\dfrac{4}{\overline{DC}}=1$　　$\therefore \overline{DC}=4$

$\therefore \overline{BD}=\overline{BC}-\overline{DC}$

$\qquad\quad=4\sqrt{3}-4=4(\sqrt{3}-1)$

5 $\triangle OAB$ 에서

$\angle OAB=180°-(90°+54°)=36°$ 이므로

$\cos 36°=\dfrac{\overline{AB}}{\overline{OA}}=\dfrac{0.81}{1}=0.81$

6 $\cos 73°=\dfrac{x}{10}$ 이므로

$\dfrac{x}{10}=0.2924$

$\therefore x=2.924$

$\sin 73°=\dfrac{y}{10}$ 이므로

$\dfrac{y}{10}=0.9563$

$\therefore y=9.563$

$\therefore y-x=9.563-2.924=6.639$

7 $\triangle BFH$ 에서 $\angle BFH=90°$ 이고

$\triangle FGH$ 에서

$\overline{FH}=\sqrt{3^2+3^2}=3\sqrt{2}$ (cm)

$\triangle BFH$ 에서

$\overline{BH}=\sqrt{3^2+(3\sqrt{2})^2}=3\sqrt{3}$ (cm)

$\therefore \sin x=\dfrac{\overline{BF}}{\overline{BH}}$

$\qquad\quad=\dfrac{3}{3\sqrt{3}}=\dfrac{1}{\sqrt{3}}=\dfrac{\sqrt{3}}{3}$

🐢 본문 20쪽

10 직각삼각형의 변의 길이

01 (1) $c\sin B$　(2) $a, c, c\cos B$　(3) $b, a, a\tan B$
　　(4) $a, c, c\sin A$　(5) $c\cos A$　(6) $a, b, b\tan A$

02 (1) 12, $6\sqrt{3}$　(2) 12, 6　　**03** $x=6.6, y=7.5$

04 $x=10.6, y=17$　　　　　　**05** $x=12, y=20$

06 14.3 m　　　　　　　**07** 10.95 m　**08** 71.5 m

09 $\left(10+\dfrac{10\sqrt{3}}{3}\right)$ m　　**10** 12.7 m　**11** 64.7 m

12 $12\sqrt{3}$ m

01 (1) $\sin B=\dfrac{b}{c}$ ➡ $b=\boxed{c\sin B}$

(2) $\cos B=\dfrac{\boxed{a}}{c}$ ➡ $a=\boxed{c\cos B}$

(3) $\tan B=\dfrac{\boxed{b}}{a}$ ➡ $b=\boxed{a\tan B}$

(4) $\sin A=\dfrac{\boxed{a}}{c}$ ➡ $a=\boxed{c\sin A}$

(5) $\cos A = \dfrac{b}{c} \Rightarrow b = \boxed{c\cos A}$

(6) $\tan A = \dfrac{\boxed{a}}{b} \Rightarrow a = \boxed{b\tan A}$

02 (1) $\sin 60° = \dfrac{x}{12}$이므로

$x = \boxed{12} \times \sin 60°$

$= 12 \times \dfrac{\sqrt{3}}{2} = \boxed{6\sqrt{3}}$

(2) $\cos 60° = \dfrac{y}{12}$이므로

$y = \boxed{12} \times \cos 60°$

$= 12 \times \dfrac{1}{2} = \boxed{6}$

03 $\sin 41° = \dfrac{x}{10}$

$\therefore x = 10\sin 41°$

$= 10 \times 0.66 = 6.6$

$\cos 41° = \dfrac{y}{10}$

$\therefore y = 10\cos 41°$

$= 10 \times 0.75 = 7.5$

04 $\sin 32° = \dfrac{x}{20}$

$\therefore x = 20\sin 32°$

$= 20 \times 0.53 = 10.6$

$\cos 32° = \dfrac{y}{20}$

$\therefore y = 20\cos 32°$

$= 20 \times 0.85 = 17$

05 $\tan 37° = \dfrac{x}{16}$

$\therefore x = 16\tan 37°$

$= 16 \times 0.75 = 12$

$\cos 37° = \dfrac{16}{y}$

$\therefore y = \dfrac{16}{\cos 37°}$

$= \dfrac{16}{0.8} = 20$

06 $\tan 55° = \dfrac{\overline{BC}}{10}$이므로

$\overline{BC} = 10\tan 55°$

$= 10 \times 1.43 = 14.3 (\text{m})$

07 $\tan 36° = \dfrac{\overline{BC}}{15}$이므로

$\overline{BC} = 15\tan 36°$

$= 15 \times 0.73 = 10.95 (\text{m})$

08 $\angle CAB = 90° - 35° = 55°$이고

$\tan 55° = \dfrac{\overline{BC}}{50}$이므로

$\overline{BC} = 50 \times \tan 55°$

$= 50 \times 1.43 = 71.5 (\text{m})$

09 $\overline{AH} = \overline{DB} = 10\,\text{m}$이므로

$\triangle ABH$에서

$\tan 45° = \dfrac{\overline{BH}}{10}$

$\therefore \overline{BH} = 10\tan 45° = 10 \times 1 = 10 (\text{m})$

$\triangle AHC$에서

$\tan 30° = \dfrac{\overline{CH}}{10}$

$\therefore \overline{CH} = 10\tan 30°$

$= 10 \times \dfrac{\sqrt{3}}{3} = \dfrac{10\sqrt{3}}{3} (\text{m})$

$\therefore \overline{BC} = \overline{BH} + \overline{CH}$

$= 10 + \dfrac{10\sqrt{3}}{3} (\text{m})$

10 $\overline{BH} = (\text{사람의 눈 높이}) = 1.6\,\text{m}$

$\tan 48° = \dfrac{\overline{BC}}{\overline{AB}} = \dfrac{\overline{BC}}{10}$이므로

$\overline{BC} = 10\tan 48°$

$= 10 \times 1.11 = 11.1 (\text{m})$

$\therefore (\text{나무의 높이}) = \overline{CH}$

$= \overline{BH} + \overline{BC}$

$= 1.6 + 11.1$

$= 12.7 (\text{m})$

11 $\sin 52° = \dfrac{\overline{BC}}{80}$이므로

$\overline{BC} = 80 \times \sin 52°$

$= 80 \times 0.79 = 63.2 (\text{m})$

$\therefore \overline{BH} = \overline{BC} + \overline{CH}$

$= 63.2 + 1.5$

$= 64.7 (\text{m})$

12 $\tan 30° = \dfrac{\overline{AB}}{\overline{BC}} = \dfrac{\overline{AB}}{12}$이므로

$\overline{AB} = 12\tan 30°$

$= 12 \times \dfrac{\sqrt{3}}{3} = 4\sqrt{3} (\text{m})$

$\cos 30° = \dfrac{\overline{BC}}{\overline{AC}} = \dfrac{12}{\overline{AC}}$이므로

$\overline{AC} = \dfrac{12}{\cos 30°}$

$= 12 \div \dfrac{\sqrt{3}}{2} = 8\sqrt{3} (\text{m})$

$\therefore (\text{부러지기 전의 나무의 높이}) = \overline{AB} + \overline{AC}$

$= 4\sqrt{3} + 8\sqrt{3}$

$= 12\sqrt{3} (\text{m})$

11 일반 삼각형의 변의 길이 (1)

01 $2\sqrt{3}$, $\sqrt{3}$, $2\sqrt{3}$, 3, 2, 2, $\sqrt{7}$

02 (1) $3\sqrt{2}$ (2) $3\sqrt{2}$ (3) $4\sqrt{2}$ (4) $5\sqrt{2}$ **03** $\sqrt{37}$

04 10   **05** $\sqrt{21}$

---

01 점 A에서 $\overline{BC}$에 내린 수선의 발을 H라 하면

$\overline{AH} = \boxed{2\sqrt{3}}\ \sin 30°$

    $= 2\sqrt{3} \times \dfrac{1}{2}$

    $= \boxed{\sqrt{3}}$

$\overline{BH} = \boxed{2\sqrt{3}}\ \cos 30°$

    $= 2\sqrt{3} \times \dfrac{\sqrt{3}}{2} = \boxed{3}$

이때 $\overline{CH} = \overline{BC} - \overline{BH} = 5 - 3 = \boxed{2}$ 이므로

$\overline{AC} = \sqrt{(\sqrt{3})^2 + \boxed{2}^2} = \boxed{\sqrt{7}}$

02 (1) $\overline{AH} = 6 \sin 45°$

     $= 6 \times \dfrac{\sqrt{2}}{2} = 3\sqrt{2}$

(2) $\overline{BH} = 6 \cos 45°$

     $= 6 \times \dfrac{\sqrt{2}}{2} = 3\sqrt{2}$

(3) $\overline{CH} = \overline{BC} - \overline{BH}$

     $= 7\sqrt{2} - 3\sqrt{2} = 4\sqrt{2}$

(4) △AHC에서

     $\overline{AC} = \sqrt{(3\sqrt{2})^2 + (4\sqrt{2})^2}$

     $= \sqrt{50} = 5\sqrt{2}$

03 다음 그림과 같이 꼭짓점 A에서 $\overline{BC}$에 내린 수선의 발을 H라 고 하면

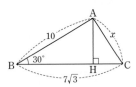

△ABH에서

$\overline{AH} = 10 \sin 30°$

    $= 10 \times \dfrac{1}{2} = 5$

$\overline{BH} = 10 \cos 30°$

    $= 10 \times \dfrac{\sqrt{3}}{2} = 5\sqrt{3}$

$\overline{CH} = \overline{BC} - \overline{BH}$

    $= 7\sqrt{3} - 5\sqrt{3} = 2\sqrt{3}$

따라서 △AHC에서

$x = \sqrt{5^2 + (2\sqrt{3})^2} = \sqrt{37}$

---

04 다음 그림과 같이 꼭짓점 A에서 $\overline{BC}$에 내린 수선의 발을 H라 고 하면

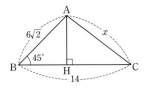

△ABH에서

$\overline{AH} = 6\sqrt{2} \sin 45°$

    $= 6\sqrt{2} \times \dfrac{\sqrt{2}}{2} = 6$

$\overline{BH} = 6\sqrt{2} \cos 45°$

    $= 6\sqrt{2} \times \dfrac{\sqrt{2}}{2} = 6$

$\overline{CH} = \overline{BC} - \overline{BH}$

    $= 14 - 6 = 8$

따라서 △AHC에서

$x = \sqrt{6^2 + 8^2} = \sqrt{100} = 10$

05 다음 그림과 같이 꼭짓점 A에서 $\overline{BC}$에 내린 수선의 발을 H라 고 하면

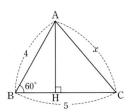

△ABH에서

$\overline{AH} = 4 \sin 60°$

    $= 4 \times \dfrac{\sqrt{3}}{2} = 2\sqrt{3}$

$\overline{BH} = 4 \cos 60°$

    $= 4 \times \dfrac{1}{2} = 2$

$\overline{CH} = \overline{BC} - \overline{BH}$

    $= 5 - 2 = 3$

따라서 △AHC에서

$x = \sqrt{(2\sqrt{3})^2 + 3^2} = \sqrt{21}$

---

12 일반 삼각형의 변의 길이 (2)

01 6, $3\sqrt{3}$, 75, 45, 45, $3\sqrt{6}$

02 (1) 6 (2) 60° (3) $4\sqrt{3}$ **03** $2\sqrt{6}$ **04** $8\sqrt{2}$

05 $5\sqrt{2}$

01 점 C에서 $\overline{AB}$에 내린 수선의 발을 H라 하면

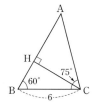

$$\overline{CH}=\boxed{6}\sin 60°$$
$$=6\times\frac{\sqrt{3}}{2}$$
$$=\boxed{3\sqrt{3}}$$

이때

$$\angle A=180°-(60°+\boxed{75}\,°)=\boxed{45}\,°$$

이므로

$$\overline{AC}=\frac{\overline{CH}}{\sin \boxed{45}\,°}$$
$$=3\sqrt{3}\div\frac{\sqrt{2}}{2}=\boxed{3\sqrt{6}}$$

02 ⑴ △BCH에서
$$\overline{CH}=6\sqrt{2}\sin 45°$$
$$=6\sqrt{2}\times\frac{\sqrt{2}}{2}=6$$

⑵ △ABC에서
$$\angle A=180°-(45°+75°)=60°$$

⑶ △AHC에서
$$\overline{AC}=\frac{6}{\sin 60°}$$
$$=6\div\frac{\sqrt{3}}{2}=4\sqrt{3}$$

03 다음 그림과 같이 꼭짓점 C에서 $\overline{AB}$에 내린 수선의 발을 H라고 하면

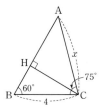

△BCH에서
$$\overline{CH}=4\sin 60°$$
$$=4\times\frac{\sqrt{3}}{2}=2\sqrt{3}$$

△ABC에서
$$\angle A=180°-(60°+75°)=45°$$

따라서 △AHC에서
$$x=\frac{2\sqrt{3}}{\sin 45°}$$
$$=2\sqrt{3}\div\frac{\sqrt{2}}{2}$$
$$=2\sqrt{6}$$

04 다음 그림과 같이 꼭짓점 C에서 $\overline{AB}$에 내린 수선의 발을 H라고 하면

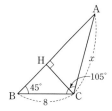

△BCH에서
$$\overline{CH}=8\sin 45°$$
$$=8\times\frac{\sqrt{2}}{2}=4\sqrt{2}$$

△ABC에서
$$\angle A=180°-(45°+105°)=30°$$

따라서 △AHC에서
$$x=\frac{\overline{CH}}{\sin 30°}=\frac{4\sqrt{2}}{\sin 30°}$$
$$=4\sqrt{2}\div\frac{1}{2}$$
$$=8\sqrt{2}$$

다른 풀이

다음 그림과 같이 꼭짓점 C에서 $\overline{AB}$에 내린 수선의 발을 H라고 하면

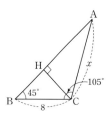

△BCH에서
$$\overline{CH}=8\sin 45°$$
$$=8\times\frac{\sqrt{2}}{2}=4\sqrt{2}$$

$\angle BCH=90°-45°=45°$이므로

$$\angle ACH=105°-45°=60°$$

△AHC에서
$$x=\frac{\overline{CH}}{\cos 60°}$$
$$=4\sqrt{2}\div\frac{1}{2}$$
$$=8\sqrt{2}$$

05 다음 그림과 같이 꼭짓점 C에서 $\overline{AB}$에 내린 수선의 발을 H라고 하면

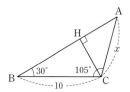

△BCH에서
$$\overline{CH}=10\sin 30°$$
$$=10\times\frac{1}{2}=5$$

△ABC에서

$\angle A = 180° - (30° + 105°) = 45°$

따라서 △AHC에서

$x = \dfrac{5}{\sin 45°}$

$= 5 \div \dfrac{\sqrt{2}}{2}$

$= 5\sqrt{2}$

다른 풀이

다음 그림과 같이 꼭짓점 C에서 $\overline{AB}$에 내린 수선의 발을 H라고 하면

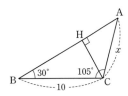

△BCH에서

$\overline{CH} = 10 \sin 30°$

$= 10 \times \dfrac{1}{2} = 5$

$\angle BCH = 90° - 30° = 60°$이므로

$\angle ACH = 105° - 60° = 45°$

△AHC에서

$x = \dfrac{\overline{CH}}{\cos 45°}$

$= 5 \div \dfrac{\sqrt{2}}{2}$

$= 5\sqrt{2}$

---

13 삼각형의 높이 ⑴ – 주어진 각이 모두 예각인 경우

본문 24쪽

01 풀이 참조	**02** (1) $\sqrt{3}h$ (2) h (3) $6(\sqrt{3}-1)$
03 $3(3-\sqrt{3})$	**04** $9(\sqrt{3}-1)$
05 $35(3-\sqrt{3})$	

01 $\overline{AH} = h$라 하면

$\angle BAH = \boxed{45}°$, $\angle CAH = \boxed{30}°$이므로

$\overline{BH} = h \tan \boxed{45}°$

$\overline{CH} = h \tan \boxed{30}°$

이때 $\overline{BC} = \overline{BH} + \overline{CH} = h + \dfrac{\boxed{\sqrt{3}}}{\boxed{3}}h = 10$이므로

$\dfrac{3+\sqrt{3}}{3}h = 10$

∴ $h = \dfrac{30}{3+\sqrt{3}}$

$= \dfrac{30(3-\sqrt{3})}{(3+\sqrt{3})(3-\sqrt{3})}$

$= \dfrac{30(3-\sqrt{3})}{6}$

$= \boxed{5(3-\sqrt{3})}$

따라서 $\overline{AH}$의 길이는 $\boxed{5(3-\sqrt{3})}$이다.

02 (1) △ABH에서

$\angle BAH = 180° - (30° + 90°) = 60°$이므로

$\overline{BH} = h \tan 60° = \sqrt{3}h$

(2) △AHC에서

$\angle CAH = 180° - (45° + 90°) = 45°$이므로

$\overline{CH} = h \tan 45° = h$

(3) $\overline{BH} + \overline{CH} = \overline{BC}$이므로

$\sqrt{3}h + h = 12$

$(\sqrt{3}+1)h = 12$

∴ $h = \dfrac{12}{\sqrt{3}+1}$

$= \dfrac{12(\sqrt{3}-1)}{(\sqrt{3}+1)(\sqrt{3}-1)}$

$= \dfrac{12(\sqrt{3}-1)}{2}$

$= 6(\sqrt{3}-1)$

03 △ABH에서

$\angle BAH = 180° - (45° + 90°) = 45°$이므로

$\overline{BH} = h \tan 45° = h$

△AHC에서

$\angle CAH = 180° - (60° + 90°) = 30°$이므로

$\overline{CH} = h \tan 30° = \dfrac{\sqrt{3}}{3}h$

이때 $\overline{BH} + \overline{CH} = \overline{BC}$이므로

$h + \dfrac{\sqrt{3}}{3}h = 6$

$\left(\dfrac{3+\sqrt{3}}{3}\right)h = 6$

∴ $h = \dfrac{18}{3+\sqrt{3}}$

$= \dfrac{18(3-\sqrt{3})}{(3+\sqrt{3})(3-\sqrt{3})}$

$= \dfrac{18(3-\sqrt{3})}{6}$

$= 3(3-\sqrt{3})$

04 △ABH에서

$\angle BAH = 180° - (30° + 90°) = 60°$이므로

$\overline{BH} = h \tan 60° = \sqrt{3}h$

△AHC에서

$\angle CAH = 180° - (45° + 90°) = 45°$이므로

$\overline{CH} = h \tan 45° = h$

이때 $\overline{BH}+\overline{CH}=\overline{BC}$이므로

$\sqrt{3}h+h=18$

$(\sqrt{3}+1)h=18$

$\therefore h=\dfrac{18}{\sqrt{3}+1}$

$\qquad =\dfrac{18(\sqrt{3}-1)}{(\sqrt{3}+1)(\sqrt{3}-1)}$

$\qquad =\dfrac{18(\sqrt{3}-1)}{2}$

$\qquad =9(\sqrt{3}-1)$

05 $\triangle ABH$에서

$\angle BAH=180°-(60°+90°)=30°$이므로

$\overline{BH}=h\tan 30°=\dfrac{\sqrt{3}}{3}h$

$\triangle AHC$에서

$\angle CAH=180°-(45°+90°)=45°$이므로

$\overline{CH}=h\tan 45°=h$

이때 $\overline{BH}+\overline{CH}=\overline{BC}$이므로

$\dfrac{\sqrt{3}}{3}h+h=70$

$\left(\dfrac{\sqrt{3}+3}{3}\right)h=70$

$\therefore h=\dfrac{210}{\sqrt{3}+3}$

$\qquad =\dfrac{210(3-\sqrt{3})}{(3+\sqrt{3})(3-\sqrt{3})}$

$\qquad =\dfrac{210(3-\sqrt{3})}{6}$

$\qquad =35(3-\sqrt{3})$

본문 25쪽

14 삼각형의 높이(2) – 주어진 각 중 한 각이 둔각인 경우

01 풀이 참조   **02** (1) $\sqrt{3}h$ (2) h (3) $6(\sqrt{3}+1)$

03 9   **04** $5(\sqrt{3}+1)$

05 $4(3+\sqrt{3})$

01 $\overline{AH}=h$라 하면

$\angle BAH=\boxed{60}°$, $\angle CAH=\boxed{30}°$이므로

$\overline{BH}=h\tan \boxed{60}°=\sqrt{3}h$

$\overline{CH}=h\tan \boxed{30}°=\dfrac{\sqrt{3}}{3}h$

이때 $\overline{BC}=\overline{BH}-\overline{CH}=\sqrt{3}h-\dfrac{\sqrt{3}}{\boxed{3}}h=10$이므로

$\dfrac{2\sqrt{3}}{3}h=10$

$\therefore h=\dfrac{30}{2\sqrt{3}}=\boxed{5\sqrt{3}}$

따라서 $\overline{AH}$의 길이는 $\boxed{5\sqrt{3}}$이다.

02 (1) $\triangle ABH$에서

$\angle BAH=180°-(30°+90°)=60°$이므로

$\overline{BH}=h\tan 60°=\sqrt{3}h$

(2) $\triangle ACH$에서

$\angle CAH=180°-(45°+90°)=45°$이므로

$\overline{CH}=h\tan 45°=h$

(3) $\overline{BH}-\overline{CH}=\overline{BC}$이므로

$\sqrt{3}h-h=12$

$(\sqrt{3}-1)h=12$

$\therefore h=\dfrac{12}{\sqrt{3}-1}$

$\qquad =\dfrac{12(\sqrt{3}+1)}{(\sqrt{3}-1)(\sqrt{3}+1)}$

$\qquad =\dfrac{12(\sqrt{3}+1)}{2}$

$\qquad =6(\sqrt{3}+1)$

03 $\triangle ABH$에서

$\angle BAH=180°-(30°+90°)=60°$이므로

$\overline{BH}=h\tan 60°=\sqrt{3}h$

$\triangle ACH$에서

$\angle CAH=180°-(60°+90°)=30°$이므로

$\overline{CH}=h\tan 30°=\dfrac{\sqrt{3}}{3}h$

이때 $\overline{BH}-\overline{CH}=\overline{BC}$이므로

$\sqrt{3}h-\dfrac{\sqrt{3}}{3}h=6\sqrt{3}$

$\dfrac{2\sqrt{3}}{3}h=6\sqrt{3}$

$\therefore h=6\sqrt{3}\div\dfrac{2\sqrt{3}}{3}$

$\qquad =6\sqrt{3}\times\dfrac{3}{2\sqrt{3}}=9$

04 $\triangle ABH$에서

$\angle BAH=180°-(30°+90°)=60°$이므로

$\overline{BH}=h\tan 60°=\sqrt{3}h$

$\triangle ACH$에서

$\angle CAH=180°-(45°+90°)=45°$이므로

$\overline{CH}=h\tan 45°=h$

이때 $\overline{BH}-\overline{CH}=\overline{BC}$이므로

$\sqrt{3}h-h=10$

$(\sqrt{3}-1)h=10$

$\therefore h=\dfrac{10}{\sqrt{3}-1}$

$\qquad =\dfrac{10(\sqrt{3}+1)}{(\sqrt{3}-1)(\sqrt{3}+1)}$

$$= \frac{10(\sqrt{3}+1)}{2}$$
$$= 5(\sqrt{3}+1)$$

05 △ABH에서
$$\angle BAH = 180° - (45° + 90°) = 45°$$이므로
$$\overline{BH} = h \tan 45° = h$$
△ACH에서
$$\angle CAH = 180° - (60° + 90°) = 30°$$이므로
$$\overline{CH} = h \tan 30° = \frac{\sqrt{3}}{3}h$$
이때 $\overline{BH} - \overline{CH} = \overline{BC}$이므로
$$h - \frac{\sqrt{3}}{3}h = 8$$
$$\frac{3 - \sqrt{3}}{3}h = 8$$
$$\therefore h = \frac{24}{3 - \sqrt{3}}$$
$$= \frac{24(3 + \sqrt{3})}{(3 - \sqrt{3})(3 + \sqrt{3})}$$
$$= \frac{24(3 + \sqrt{3})}{6}$$
$$= 4(3 + \sqrt{3})$$

본문 26쪽

15 삼각형의 넓이

01 풀이 참조   **02** 풀이 참조

03 28   **04** $21\sqrt{3}$ **05** $\frac{27}{2}$ **06** 27

01 $\triangle ABC = \frac{1}{2} \times 5 \times \boxed{4} \times \sin 30°$
$$= \frac{1}{2} \times 5 \times \boxed{4} \times \boxed{\frac{1}{2}}$$
$$= \boxed{5}$$

02 $\triangle ABC = \frac{1}{2} \times 4 \times \boxed{3} \times \sin(180° - 135°)$
$$= \frac{1}{2} \times 4 \times \boxed{3} \times \boxed{\frac{\sqrt{2}}{2}}$$
$$= \boxed{3\sqrt{2}}$$

03 $\triangle ABC = \frac{1}{2} \times 7 \times 8\sqrt{2} \times \sin 45°$
$$= \frac{1}{2} \times 7 \times 8\sqrt{2} \times \frac{\sqrt{2}}{2}$$
$$= 28$$

04 $\triangle ABC = \frac{1}{2} \times 14 \times 6 \times \sin 60°$
$$= \frac{1}{2} \times 14 \times 6 \times \frac{\sqrt{3}}{2}$$
$$= 21\sqrt{3}$$

05 $\triangle ABC = \frac{1}{2} \times 3\sqrt{3} \times 6 \times \sin(180° - 120°)$
$$= 9\sqrt{3} \times \sin 60°$$
$$= 9\sqrt{3} \times \frac{\sqrt{3}}{2} = \frac{27}{2}$$

06 $\triangle ABC = \frac{1}{2} \times 12 \times 9 \times \sin(180° - 150°)$
$$= 54 \times \sin 30°$$
$$= 54 \times \frac{1}{2} = 27$$

본문 27쪽

16 다각형의 넓이

01 (1) $\frac{\sqrt{3}}{2}$ (2) $3\sqrt{3}$ (3) $\frac{7\sqrt{3}}{2}$ **02** $15\sqrt{3}$

03 $20\sqrt{3}$ **04** $12\sqrt{3}$ **05** 56   **06** 75

01 (1) $\triangle ABC = \frac{1}{2} \times 2 \times \sqrt{3} \times \sin(180° - 150°)$
$$= \frac{1}{2} \times 2 \times \sqrt{3} \times \frac{1}{2}$$
$$= \frac{\sqrt{3}}{2}$$
(2) $\triangle ACD = \frac{1}{2} \times 3 \times 4 \times \sin 60°$
$$= \frac{1}{2} \times 3 \times 4 \times \frac{\sqrt{3}}{2}$$
$$= 3\sqrt{3}$$
(3) $\square ABCD = \triangle ABC + \triangle ACD$
$$= \frac{\sqrt{3}}{2} + 3\sqrt{3} = \frac{7\sqrt{3}}{2}$$

02 $\square ABCD = \triangle ABC + \triangle ACD$
$$= \frac{1}{2} \times 6 \times 2 \times \sin(180° - 120°)$$
$$\qquad\qquad + \frac{1}{2} \times 6 \times 8 \times \sin 60°$$
$$= \frac{1}{2} \times 6 \times 2 \times \frac{\sqrt{3}}{2} + \frac{1}{2} \times 6 \times 8 \times \frac{\sqrt{3}}{2}$$
$$= 3\sqrt{3} + 12\sqrt{3}$$
$$= 15\sqrt{3}$$

03 △ABC에서

$\overline{AC}=10 \sin 60° = 5\sqrt{3}$

$\square ABCD = \triangle ABC + \triangle ACD$

$\quad = \dfrac{1}{2} \times 5 \times 10 \times \sin 60° + \dfrac{1}{2} \times 5\sqrt{3} \times 6 \times \sin 30°$

$\quad = \dfrac{1}{2} \times 5 \times 10 \times \dfrac{\sqrt{3}}{2} + \dfrac{1}{2} \times 5\sqrt{3} \times 6 \times \dfrac{1}{2}$

$\quad = \dfrac{25\sqrt{3}}{2} + \dfrac{15\sqrt{3}}{2}$

$\quad = 20\sqrt{3}$

04 $\square ABCD = 4 \times 6 \times \sin 60°$

$\quad = 4 \times 6 \times \dfrac{\sqrt{3}}{2}$

$\quad = 12\sqrt{3}$

05 $\square ABCD = 7 \times 8\sqrt{2} \times \sin 45°$

$\quad = 7 \times 8\sqrt{2} \times \dfrac{\sqrt{2}}{2}$

$\quad = 56$

06 $\square ABCD = 10 \times 15 \times \sin(180° - 150°)$

$\quad = 10 \times 15 \times \sin 30°$

$\quad = 10 \times 15 \times \dfrac{1}{2}$

$\quad = 75$

핵심 반복

본문 28쪽

1 ⑤	2 ⑤	3 5 cm	4 $(2\sqrt{3}+2)$ cm
5 $4(\sqrt{3}-1)$	6 45°	7 ④	

1 $\tan 35° = \dfrac{6}{\overline{BC}}$이므로

$\overline{BC} = \dfrac{6}{\tan 35°}$

2 $\overline{BC} = 12 \times \tan 30°$

$\quad = 12 \times \dfrac{\sqrt{3}}{3} = 4\sqrt{3}$

$\quad = 4 \times 1.7 = 6.8(\text{m})$

이때 진희의 눈높이는 1.6 m이므로 나무의 높이는

$6.8 + 1.6 = 8.4(\text{m})$

3 다음 그림과 같이 꼭짓점 A에서 $\overline{BC}$에 내린 수선의 발을 H라고 하면

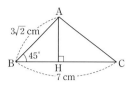

△ABH에서

$\overline{AH} = \overline{AB} \sin 45°$

$\quad = 3\sqrt{2} \times \dfrac{\sqrt{2}}{2}$

$\quad = 3(\text{cm})$

$\overline{BH} = \overline{AB} \cos 45°$

$\quad = 3\sqrt{2} \times \dfrac{\sqrt{2}}{2}$

$\quad = 3(\text{cm})$

$\therefore \overline{CH} = \overline{BC} - \overline{BH}$

$\quad = 7 - 3 = 4(\text{cm})$

따라서 △AHC에서

$\overline{AC} = \sqrt{3^2 + 4^2}$

$\quad = \sqrt{25} = 5(\text{cm})$

4 다음 그림과 같이 점 A에서 $\overline{BC}$에 내린 수선의 발을 H라 하면

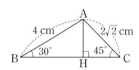

$\overline{BC} = \overline{BH} + \overline{HC}$

$\quad = 4 \cos 30° + 2\sqrt{2} \cos 45°$

$\quad = 4 \times \dfrac{\sqrt{3}}{2} + 2\sqrt{2} \times \dfrac{\sqrt{2}}{2}$

$\quad = 2\sqrt{3} + 2(\text{cm})$

5 $\overline{AH} = h$라고 하면

△ABH에서

∠BAH = 180° - (90° + 45°) = 45°이므로

$\overline{BH} = h \tan 45° = h$

△ACH에서

∠CAH = 180° - (90° + 30°) = 60°이므로

$\overline{CH} = h \tan 60° = \sqrt{3} h$

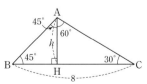

이때 $\overline{BH} + \overline{CH} = \overline{BC}$이므로

$h + \sqrt{3} h = 8$

$(1 + \sqrt{3})h = 8$

$\therefore h = \dfrac{8}{1 + \sqrt{3}}$

$\quad = \dfrac{8(\sqrt{3}-1)}{(\sqrt{3}+1)(\sqrt{3}-1)}$

$$= \frac{8(\sqrt{3}-1)}{2}$$
$$= 4(\sqrt{3}-1)$$

6 $\triangle ABC = \frac{1}{2} \times \overline{AB} \times \overline{BC} \times \sin B$이므로

$$6\sqrt{2} = \frac{1}{2} \times 4 \times 6 \times \sin B$$

$$12 \sin B = 6\sqrt{2}$$

$$\sin B = \frac{\sqrt{2}}{2}$$

$$\sin 45^\circ = \frac{\sqrt{2}}{2}$$이므로

$$\angle B = 45^\circ$$

7 □ABCD는 평행사변형이므로 $\angle C = \angle A = 135^\circ$
□ABCD $= 10 \times 10\sqrt{2} \times \sin(180^\circ - C)$
$\quad\quad\quad = 10 \times 10\sqrt{2} \times \sin(180^\circ - 135^\circ)$
$\quad\quad\quad = 10 \times 10\sqrt{2} \times \sin 45^\circ$
$\quad\quad\quad = 10 \times 10\sqrt{2} \times \frac{\sqrt{2}}{2}$
$\quad\quad\quad = 100 (\text{cm}^2)$

1 14.1   **2** ②   **3** $100(\sqrt{3}-1)$m

4 ③   **5** $\frac{27\sqrt{3}}{2}$ cm²   **6** ①

7 $\frac{36\sqrt{3}}{5}$ cm

1 $\cos 43^\circ = \frac{x}{10}$이므로

$x = 10 \cos 43^\circ$
$\quad = 10 \times 0.73 = 7.3$

$\sin 43^\circ = \frac{y}{10}$이므로

$y = 10 \sin 43^\circ$
$\quad = 10 \times 0.68 = 6.8$

$\therefore x + y = 7.3 + 6.8 = 14.1$

2 다음 그림과 같이 꼭짓점 A에서 $\overline{BC}$에 내린 수선의 발을 H라고 하면

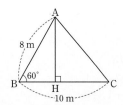

△ABH에서
$\overline{AH} = 8 \sin 60^\circ$
$\quad\quad = 8 \times \frac{\sqrt{3}}{2} = 4\sqrt{3}(\text{m})$
$\overline{BH} = 8 \cos 60^\circ$
$\quad\quad = 8 \times \frac{1}{2} = 4(\text{m})$
$\therefore \overline{CH} = \overline{BC} - \overline{BH}$
$\quad\quad\quad = 10 - 4 = 6(\text{m})$
따라서 △AHC에서
$\overline{AC} = \sqrt{(4\sqrt{3})^2 + 6^2}$
$\quad\quad = \sqrt{84} = 2\sqrt{21}(\text{m})$

3 다음 그림과 같이 꼭짓점 A에서 $\overline{BC}$에 내린 수선의 발을 H, $\overline{AB} = x$ m라고 하면

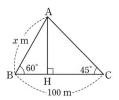

△ABH에서
$\overline{AH} = \overline{AB} \sin 60^\circ$
$\quad\quad = \frac{\sqrt{3}}{2} x(\text{m})$
$\overline{BH} = \overline{AB} \cos 60^\circ$
$\quad\quad = \frac{1}{2} x(\text{m})$
△ACH에서
$\angle CAH = 180^\circ - (90^\circ + 45^\circ) = 45^\circ$이므로
$\overline{CH} = \overline{AH} = \frac{\sqrt{3}}{2} x(\text{m})$
이때 $\overline{BH} + \overline{CH} = \overline{BC}$이므로
$\frac{1}{2} x + \frac{\sqrt{3}}{2} x = 100$
$\frac{1+\sqrt{3}}{2} x = 100$
$\therefore x = \frac{200}{\sqrt{3}+1}$
$\quad\quad = \frac{200(\sqrt{3}-1)}{(\sqrt{3}+1)(\sqrt{3}-1)}$
$\quad\quad = \frac{200(\sqrt{3}-1)}{2}$
$\quad\quad = 100(\sqrt{3}-1)$
따라서 두 지점 A, B 사이의 거리는
$100(\sqrt{3}-1)$m

4 △AHC에서
$\angle ACH = 90^\circ - 52^\circ = 38^\circ$이므로
$\tan 38^\circ = \frac{\overline{AH}}{\overline{CH}} = \frac{\overline{AH}}{h}$에서

$\overline{\text{AH}} = h \tan 38° \text{ (m)}$

$\triangle \text{BCH}$에서

$\angle \text{BCH} = 90° - 65° = 25°$이므로

$\tan 25° = \dfrac{\overline{\text{BH}}}{\overline{\text{CH}}} = \dfrac{\overline{\text{BH}}}{h}$에서

$\overline{\text{BH}} = h \tan 25° \text{ (m)}$

이때 $\overline{\text{AH}} + \overline{\text{BH}} = \overline{\text{AB}}$이므로

$h \tan 38° + h \tan 25° = 100$

5 원 O의 반지름의 길이를 r cm라고 하면 원의 넓이가 $9\pi \text{ cm}^2$
이므로

$\pi r^2 = 9\pi$, $r^2 = 9$

$r > 0$이므로 $r = 3$

따라서 구하는 정육각형의 넓이는 한 변의 길이가 3 cm인 정
삼각형 6개의 넓이의 합과 같으므로

$6 \times \left(\dfrac{1}{2} \times 3 \times 3 \times \sin 60° \right)$

$= 6 \times \left(\dfrac{1}{2} \times 3 \times 3 \times \dfrac{\sqrt{3}}{2} \right)$

$= \dfrac{27\sqrt{3}}{2} \text{ (cm}^2)$

6 마름모의 한 변의 길이를 x cm라 하면

$\square \text{ABCD} = x \times x \times \sin(180° - 135°) = 8\sqrt{2}$

$\dfrac{\sqrt{2}}{2} x^2 = 8\sqrt{2}$, $x^2 = 16$

$x > 0$이므로

$x = 4$

따라서 마름모의 한 변의 길이는 4 cm이다.

7 $\overline{\text{AD}} = x$ cm라 하면

$\triangle \text{ABD} + \triangle \text{ADC} = \triangle \text{ABC}$이므로

$\dfrac{1}{2} \times 18 \times x \times \sin 30° + \dfrac{1}{2} \times x \times 12 \times \sin 30°$

$= \dfrac{1}{2} \times 18 \times 12 \times \sin 60°$

$\dfrac{9}{2} x + 3x = 54\sqrt{3}$

$15x = 108\sqrt{3}$

$\therefore x = \dfrac{36\sqrt{3}}{5}$

따라서 $\overline{\text{AD}}$의 길이는 $\dfrac{36\sqrt{3}}{5}$ cm이다.

 쉬운 **서술형**

본문 30쪽

1 (1) 16 cm (2) 12 cm (3) 96 cm²

2 $\dfrac{7}{5}$ **3** $\dfrac{\sqrt{2}}{2} - 2$

4 (1) $12\pi \text{ cm}^2$ (2) $9\sqrt{3} \text{ cm}^2$ (3) $(12\pi - 9\sqrt{3}) \text{ cm}^2$

1 (1) $\cos A = \dfrac{\overline{\text{AB}}}{20} = \dfrac{4}{5}$

$5\overline{\text{AB}} = 80$

$\therefore \overline{\text{AB}} = 16 \text{ cm}$ ······ (가)

(2) 피타고라스 정리에 의해

$\overline{\text{BC}} = \sqrt{20^2 - 16^2} = \sqrt{144} = 12 \text{ (cm)}$ ······ (나)

(3) $\triangle \text{ABC}$의 넓이는 $\dfrac{1}{2} \times \overline{\text{AB}} \times \overline{\text{BC}}$이므로

$\therefore \triangle \text{ABC} = \dfrac{1}{2} \times 16 \times 12 = 96 \text{ (cm}^2)$ ······ (다)

채점 기준표

단계	채점 기준	비율
(가)	$\overline{\text{AB}}$의 길이를 구한 경우	40 %
(나)	$\overline{\text{BC}}$의 길이를 구한 경우	40 %
(다)	$\triangle \text{ABC}$의 넓이를 구한 경우	20 %

2

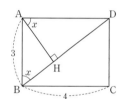

$\triangle \text{AHD} \backsim \triangle \text{BAD}$ (AA 닮음)이므로

$\angle x = \angle \text{HAD} = \angle \text{ABD}$ ······ (가)

$\triangle \text{ABD}$에서

$\overline{\text{BD}} = \sqrt{4^2 + 3^2} = \sqrt{25} = 5$ ······ (나)

$\sin x = \sin(\angle \text{ABD}) = \dfrac{\overline{\text{AD}}}{\overline{\text{BD}}} = \dfrac{4}{5}$

$\cos x = \cos(\angle \text{ABD}) = \dfrac{\overline{\text{AB}}}{\overline{\text{BD}}} = \dfrac{3}{5}$

$\therefore \sin x + \cos x = \dfrac{4}{5} + \dfrac{3}{5} = \dfrac{7}{5}$ ······ (다)

채점 기준표

단계	채점 기준	비율
(가)	$\angle x$와 크기가 같은 각을 찾은 경우	30 %
(나)	$\overline{\text{BD}}$의 길이를 구한 경우	30 %
(다)	$\sin x + \cos x$의 값을 구한 경우	40 %

3 $\cos 60° = \dfrac{1}{2}$에서

$x + 15° = 60°$이므로 $x = 45°$ ······ (가)

$\therefore \sin x - 2 \tan x = \sin 45° - 2 \tan 45°$

$= \dfrac{\sqrt{2}}{2} - 2 \times 1$

$= \dfrac{\sqrt{2}}{2} - 2$ ······ (나)

채점 기준표

단계	채점 기준	비율
(가)	$\angle x$의 크기를 구한 경우	40 %
(나)	식의 값을 구한 경우	60 %

4 (1) 다음 그림과 같이 $\overline{OC}$를 그으면 $\overline{OA}=\overline{OC}$이므로

$\quad\angle OCA = \angle OAC = 30°$

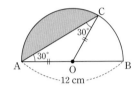

$\therefore \angle AOC = 180° - (30° + 30°) = 120°$

$\therefore$ (부채꼴 AOC의 넓이)$= \pi \times 6^2 \times \dfrac{120°}{360°}$

$\qquad\qquad\qquad\qquad\quad = 12\pi\,(\text{cm}^2)$　　　…… (가)

(2) $\overline{AO} = \overline{CO} = \dfrac{1}{2}\overline{AB} = 6\,\text{cm}$이고

$\quad \angle AOC = 120°$이므로

$\quad \triangle AOC = \dfrac{1}{2} \times 6 \times 6 \times \sin(180° - 120°)$

$\qquad\qquad = \dfrac{1}{2} \times 6 \times 6 \times \dfrac{\sqrt{3}}{2}$

$\qquad\qquad = 9\sqrt{3}\,(\text{cm}^2)$　　　…… (나)

(3) (색칠한 부분의 넓이)

$\quad = $ (부채꼴 AOC의 넓이)$- \triangle AOC$

$\quad = 12\pi - 9\sqrt{3}\,(\text{cm}^2)$　　　…… (다)

채점 기준표

단계	채점 기준	비율
(가)	부채꼴 AOC의 넓이를 구한 경우	40 %
(나)	$\triangle$AOC의 넓이를 구한 경우	40 %
(다)	색칠한 부분의 넓이를 구한 경우	20 %

Ⅵ 원의 성질

본문 32쪽

01 원의 중심과 현의 수직이등분선

01 3	02 4	03 5	04 12
05 $\overline{\text{OM}}$, 5, 3, 3, 6		06 24	07 $\sqrt{13}$
08 $2\sqrt{7}$			

01 원의 중심에서 현에 내린 수선은 그 현을 이등분하므로
$\overline{\text{BM}}=\overline{\text{AM}}=3$
$\therefore x=3$

02 원의 중심에서 현에 내린 수선은 그 현을 이등분하므로
$\overline{\text{BM}}=\overline{\text{AM}}=4$
$\therefore x=4$

03 원의 중심에서 현에 내린 수선은 그 현을 이등분하므로
$\overline{\text{AM}}=\overline{\text{BM}}=\dfrac{1}{2}\overline{\text{AB}}=\dfrac{1}{2}\times10=5$
$\therefore x=5$

04 원의 중심에서 현에 내린 수선은 그 현을 이등분하므로
$\overline{\text{AB}}=2\overline{\text{AM}}=6$
$\quad\quad\quad=2\times6=12$
$\therefore x=12$

05 직각삼각형 OAM에서
$\overline{\text{AM}}=\sqrt{\overline{\text{OA}}^2-\boxed{\overline{\text{OM}}}^2}$
$\quad\quad=\sqrt{\boxed{5}^2-4^2}=\boxed{3}$
$\therefore \overline{\text{AB}}=2\overline{\text{AM}}=2\times\boxed{3}=\boxed{6}$

06 △OAM은 직각삼각형이므로
$\overline{\text{AM}}=\sqrt{13^2-5^2}=12$
$\therefore x=\overline{\text{AB}}=2\overline{\text{AM}}=2\times12=24$

07 원의 중심에서 현에 내린 수선은 그 현을 이등분하므로
$\overline{\text{BM}}=\dfrac{1}{2}\overline{\text{AB}}=\dfrac{1}{2}\times6=3$
△OBM은 직각삼각형이므로
$x=\sqrt{2^2+3^2}=\sqrt{13}$

08 원의 중심에서 현에 내린 수선은 그 현을 이등분하므로
$\overline{\text{AM}}=\dfrac{1}{2}\overline{\text{AB}}=\dfrac{1}{2}\times12=6$
△OAM은 직각삼각형이므로
$x=\sqrt{8^2-6^2}=\sqrt{28}=2\sqrt{7}$

본문 33쪽

02 현의 길이

01 12	02 10	03 5	04 4
05 $3\sqrt{2}$	06 10	07 $\overline{\text{AC}}$, C, C, 50, 65	

01 $\overline{\text{OM}}=\overline{\text{ON}}$이므로
$\overline{\text{CD}}=\overline{\text{AB}}=12$
$\therefore x=12$

02 $\overline{\text{ON}}\perp\overline{\text{CD}}$이므로
$\overline{\text{CD}}=2\overline{\text{DN}}=2\times5=10$
$\overline{\text{OM}}=\overline{\text{ON}}$이므로
$\overline{\text{AB}}=\overline{\text{CD}}=10$
$\therefore x=10$

03 $\overline{\text{AB}}=\overline{\text{CD}}$이므로
$\overline{\text{ON}}=\overline{\text{OM}}=5$
$\therefore x=5$

04 $\overline{\text{ON}}\perp\overline{\text{CD}}$이므로
$\overline{\text{CD}}=2\overline{\text{CN}}=2\times3=6$
$\overline{\text{AB}}=\overline{\text{CD}}=6$이므로
$\overline{\text{ON}}=\overline{\text{OM}}=4$
$\therefore x=4$

05 $\overline{\text{OM}}=\overline{\text{ON}}$이므로
$\overline{\text{AB}}=\overline{\text{CD}}=6$
$\overline{\text{OM}}\perp\overline{\text{AB}}$이므로
$\overline{\text{BM}}=\overline{\text{AM}}=\dfrac{1}{2}\overline{\text{AB}}=\dfrac{1}{2}\times6=3$
△OBM이 직각삼각형이므로
$x=\sqrt{3^2+3^2}=\sqrt{18}=3\sqrt{2}$

06 $\overline{\text{ON}}=\overline{\text{OM}}$이므로
$\overline{\text{CD}}=\overline{\text{AB}}=16$
$\overline{\text{ON}}\perp\overline{\text{CD}}$이므로
$\overline{\text{CN}}=\dfrac{1}{2}\overline{\text{CD}}=8$
△OCN이 직각삼각형이므로
$x=\sqrt{6^2+8^2}=\sqrt{100}=10$

07 $\overline{\text{OM}}=\overline{\text{ON}}$이므로 $\overline{\text{AB}}=\boxed{\overline{\text{AC}}}$
△ABC는 이등변삼각형이므로
$\angle\text{B}=\angle\boxed{\text{C}}$
$\angle\text{A}=50°$이므로
$\angle\text{B}=\angle\boxed{\text{C}}=\dfrac{1}{2}\times(180°-\boxed{50}°)=\boxed{65}°$

03 원의 접선의 길이

01 $60°$	**02** $70°$	**03** $35°$	**04** $135°$
05 $70°$	**06** $40°$	**07** 5	**08** 12
09 1	**10** 7	**11** 15	**12** 5
13 40	**14** 75		

01 $\overline{\mathrm{PT}}$가 원 O의 접선이므로
　$\angle\mathrm{PTO}=90°$
　따라서 직각삼각형 △POT에서
　$\angle x=180°-(90°+30°)$
　　$=60°$

02 $\overline{\mathrm{PT}}$가 원 O의 접선이므로
　$\angle\mathrm{PTO}=90°$
　따라서 직각삼각형 △POT에서
　$\angle x=180°-(90°+20°)$
　　$=70°$

03 $\overline{\mathrm{PT}}$가 원의 접선이므로
　$\angle\mathrm{PTO}=90°$
　따라서 직각삼각형 △PTO에서
　$\angle x=180°-(90°+55°)$
　　$=35°$

04 $\overline{\mathrm{PA}}$, $\overline{\mathrm{PB}}$가 원 O의 접선이므로
　$\angle\mathrm{PAO}=\angle\mathrm{PBO}=90°$
　따라서 □OAPB의 내각의 크기의 합은 360°이므로
　$\angle x=360°-(90°+90°+45°)$
　　$=135°$

05 $\overline{\mathrm{PA}}$, $\overline{\mathrm{PB}}$가 원 O의 접선이므로
　$\angle\mathrm{PAO}=\angle\mathrm{PBO}=90°$
　따라서 □OAPB의 내각의 크기의 합은 360°이므로
　$\angle x=360°-(90°+90°+110°)$
　　$=70°$

06 $\overline{\mathrm{PA}}$, $\overline{\mathrm{PB}}$가 원 O의 접선이므로
　$\angle\mathrm{PAO}=\angle\mathrm{PBO}=90°$
　따라서 □OAPB의 내각의 크기의 합은 360°이므로
　$\angle x=360°-(90°+90°+140°)$
　　$=40°$

07 $\overline{\mathrm{PA}}$가 원 O의 접선이므로
　$\angle\mathrm{PAO}=90°$
　따라서 직각삼각형 AOP에서
　$x=\sqrt{3^2+4^2}=5$

08 $\overline{\mathrm{PA}}$가 원 O의 접선이므로
　$\angle\mathrm{PAO}=90°$
　따라서 직각삼각형 AOP에서
　$x=\sqrt{13^2-5^2}$
　　$=\sqrt{144}=12$

09 $\overline{\mathrm{PA}}$가 원 O의 접선이므로
　$\angle\mathrm{OAP}=90°$
　따라서 직각삼각형 OAP에서
　$x=\sqrt{(\sqrt{10})^2-3^2}$
　　$=\sqrt{1}=1$

10 $\overline{\mathrm{PA}}$, $\overline{\mathrm{PB}}$가 원 O의 접선이므로
　$\overline{\mathrm{PA}}=\overline{\mathrm{PB}}=7$
　$\therefore\ x=7$

11 $\overline{\mathrm{PA}}$가 원 O의 접선이므로
　$\angle\mathrm{OAP}=90°$
　직각삼각형 PAO에서
　$\overline{\mathrm{PA}}=\sqrt{17^2-8^2}$
　　$=\sqrt{225}=15$
　$\therefore\ x=\overline{\mathrm{PB}}=\overline{\mathrm{PA}}=15$

12 $\overline{\mathrm{PA}}$, $\overline{\mathrm{PB}}$가 원 O의 접선이므로
　$\overline{\mathrm{PB}}=\overline{\mathrm{PA}}=12$
　△PBO에서 $\angle\mathrm{PBO}=90°$이므로
　$x=\sqrt{13^2-12^2}$
　　$=\sqrt{25}=5$

13 $\overline{\mathrm{PA}}$, $\overline{\mathrm{PB}}$가 원 O의 접선이므로
　$\overline{\mathrm{PA}}=\overline{\mathrm{PB}}$
　즉 △APB는 이등변삼각형이므로
　$\angle\mathrm{PBA}=\angle\mathrm{PAB}=70°$
　$\therefore\ \angle\mathrm{APB}=180°-(70°+70°)=40°$
　$\therefore\ x=40$

14 $\overline{\mathrm{PA}}$, $\overline{\mathrm{PB}}$가 원 O의 접선이므로
　$\overline{\mathrm{PA}}=\overline{\mathrm{PB}}$
　즉 △PAB는 이등변삼각형이므로
　$\angle\mathrm{PAB}=\angle\mathrm{PBA}$
　　　$=\dfrac{1}{2}\times(180°-30°)$
　　　$=\dfrac{1}{2}\times150°=75°$
　$\therefore\ x=75$

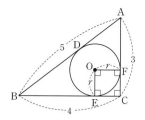

04 삼각형의 내접원

01 (1) 4 (2) 9 (3) 6　　**02** 7　　**03** 7
04 $10-x$, $\overline{CF}$, $\overline{AF}$, $\overline{CE}$, $10-x$, 8, 4
05 (1) 5 (2) $\overline{AD}=3-r$, $\overline{BD}=4-r$ (3) 1

01 (1) $\overline{AD}=\overline{AF}=4$
　(2) $\overline{BE}=\overline{BD}$
　　　$=\overline{AB}-\overline{AD}$
　　　$=13-4=9$
　(3) $\overline{CF}=\overline{CE}$
　　　$=\overline{BC}-\overline{BE}$
　　　$=15-9=6$

02 $\overline{AF}=\overline{AD}=2$
　$\overline{BE}=\overline{BD}$
　　　$=\overline{AB}-\overline{AD}$
　　　$=6-2=4$
　$\overline{CF}=\overline{CE}$
　　　$=\overline{BC}-\overline{BE}$
　　　$=9-4=5$
　$\therefore \overline{AC}=\overline{AF}+\overline{CF}=2+5=7$
　$\therefore x=7$

03 $\overline{AD}=\overline{AF}$
　　　$=\overline{AC}-\overline{CF}=8-5=3$
　$\overline{CE}=\overline{CF}=5$
　$\overline{BD}=\overline{BE}$
　　　$=\overline{BC}-\overline{CE}=9-5=4$
　$\therefore \overline{AB}=\overline{AD}+\overline{BD}=3+4=7$
　$\therefore x=7$

04 $\overline{AD}=x$라 하면
　$\overline{AF}=\overline{AD}=x$
　$\overline{BE}=\overline{BD}=\boxed{10-x}$
　$\overline{CE}=\boxed{\overline{CF}}$
　　　$=\overline{AC}-\boxed{\overline{AF}}$
　　　$=\overline{AC}-\overline{AD}=9-x$
　$\overline{BC}=\overline{BE}+\boxed{\overline{CE}}$이므로
　$11=(\boxed{10-x})+(9-x)$
　$2x=\boxed{8}$
　$\therefore x=\boxed{4}$

05 (1) △ABC에서 피타고라스 정리에 의해
　　$\overline{AB}=\sqrt{3^2+4^2}=5$
　(2) □OECF는 정사각형이고 반지름의 길이가 r이므로
　　$\overline{CF}=\overline{CE}=r$

$\overline{AD}=\overline{AF}$
　　　$=\overline{AC}-\overline{CF}$
　　　$=3-r$
$\overline{BD}=\overline{BE}$
　　　$=\overline{BC}-\overline{CE}$
　　　$=4-r$
(3) $\overline{AB}=\overline{AD}+\overline{BD}$이므로
　$5=(3-r)+(4-r)$
　$2r=2$
　$\therefore r=1$

05 원에 외접하는 사각형

01 8　　**02** 12　　**03** 6　　**04** 2
05 5　　**06** (1) 6 (2) 6 (3) 9 (4) 4

01 $\overline{AB}+\overline{CD}=\overline{AD}+\overline{BC}$에서
　$7+x=6+9$
　$\therefore x=8$

02 $\overline{AB}+\overline{CD}=\overline{AD}+\overline{BC}$에서
　$10+8=6+x$
　$\therefore x=12$

03 $\overline{AB}+\overline{CD}=\overline{AD}+\overline{BC}$에서
　$5+8=x+7$
　$\therefore x=6$

04 $\overline{AB}+\overline{CD}=\overline{AD}+\overline{BC}$에서
　$(x+8)+10=5+15$
　$\therefore x=2$

05 $\overline{AB}+\overline{CD}=\overline{AD}+\overline{BC}$에서
　$(7+x)+8=10+10$
　$\therefore x=5$

06 (1) $\overline{BF}=\dfrac{1}{2}\overline{AB}$
　　　$=\dfrac{1}{2}\times 12=6$
　(2) $\overline{BG}=\overline{BF}=6$
　(3) $\overline{CH}=\overline{CG}=\overline{BC}-\overline{BG}$
　　　$=15-6=9$
　(4) $\overline{DE}=\overline{DH}$
　　　$=\overline{DC}-\overline{CH}$
　　　$=13-9$
　　　$=4$

본문 38쪽

1 ④	**2** $4\sqrt{5}$ cm	**3** 12 cm²	**4** ③
5 $2\sqrt{5}$ cm	**6** 30 cm	**7** ②	

1 원 O의 반지름의 길이를 r cm라고 하면

$$\overline{AH}=\frac{1}{2}\overline{AB}$$
$$=\frac{1}{2}\times 8=4(\text{cm})$$

직각삼각형 AHO에서

$r=\sqrt{3^2+4^2}=5(\text{cm})$

따라서 원 O의 반지름의 길이는 5 cm이므로 둘레의 길이는 $2\pi\times 5=10\pi(\text{cm})$이다.

2 $\overline{OA}=\overline{OC}=6$ cm

△OAM에서 피타고라스 정리에 의해

$\overline{AM}=\sqrt{6^2-4^2}=\sqrt{20}=2\sqrt{5}(\text{cm})$

$\therefore \overline{AB}=2\overline{AM}$
$\qquad =2\times 2\sqrt{5}=4\sqrt{5}(\text{cm})$

3 $\overline{AB}=\overline{CD}$이므로

$\overline{ON}=\overline{OM}=4$ cm

직각삼각형 DON에서

$\overline{DN}=\sqrt{5^2-4^2}$
$\qquad =\sqrt{9}=3(\text{cm})$

$\overline{ON}\perp\overline{CD}$이므로

$\overline{CD}=2\overline{DN}$
$\qquad =2\times 3=6(\text{cm})$

$\therefore \triangle OCD=\frac{1}{2}\times 6\times 4=12(\text{cm}^2)$

4 ① $\overline{PA}$, $\overline{PB}$는 원 O의 두 접선이므로
$\quad\overline{PB}=\overline{PA}=6$ cm
② $\overline{OA}$, $\overline{OB}$는 원 O의 반지름이므로
$\quad\overline{OA}=\overline{OB}$
④ $\overline{PA}$, $\overline{PB}$는 원 O의 접선이므로
$\quad\angle PAO=\angle PBO=90°$
⑤ □PAOB에서 $\angle PAO=\angle PBO=90°$이므로
$\quad\angle AOB+\angle APB=360°-(\angle PAO+\angle PBO)$
$\qquad\qquad\qquad\qquad =360°-(90°+90°)=180°$

따라서 옳지 않은 것은 ③이다.

5 $\angle PAO=90°$이므로 직각삼각형 APO에서

$\overline{PA}=\sqrt{6^2-4^2}$
$\qquad =\sqrt{20}=2\sqrt{5}(\text{cm})$

$\therefore \overline{PB}=\overline{PA}=2\sqrt{5}$ cm

6 $\overline{BD}=\overline{BE}=3$ cm

$\overline{AF}=\overline{AD}=5$ cm

$\overline{CE}=\overline{CF}$
$\qquad =\overline{AC}-\overline{AF}$
$\qquad =12-5=7(\text{cm})$

$\therefore$ (△ABC의 둘레의 길이)
$\quad =\overline{AB}+\overline{BC}+\overline{CA}$
$\quad =(5+3)+(3+7)+12$
$\quad =30(\text{cm})$

7 $\overline{DG}=\overline{DH}=4$이므로
$\overline{CD}=\overline{DG}+\overline{CG}=4+5=9$
따라서 $\overline{AB}+\overline{CD}=\overline{AD}+\overline{BC}$이므로
(□ABCD의 둘레의 길이)
$=\overline{AB}+\overline{BC}+\overline{CD}+\overline{DA}$
$=2(\overline{AB}+\overline{CD})$
$=2(15+9)=48$

본문 39쪽

1 $\frac{17}{3}$	**2** ⑤	**3** 8 cm	**4** 60°
5 20°	**6** 3	**7** $2\sqrt{15}$ cm	**8** ③

1 $\overline{AB}\perp\overline{OM}$이므로
$\overline{AM}=\overline{BM}=5$ cm
$\overline{OC}=\overline{OA}=x$ cm이므로
$\overline{OM}=(x-3)$cm
△OAM에서
$x^2=5^2+(x-3)^2$
$6x=34$
$\therefore x=\frac{17}{3}$

2 원의 반지름의 길이를 r cm라고 하면

$2\pi r\times\frac{120}{360}=8\pi$

$\therefore r=12$

원의 중심 O에서 $\overline{AB}$에 내린 수선의 발을 H라 하면

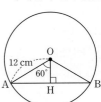

$\angle AOH=60°$

△OAH에서

$\overline{AH}=\overline{OA}\sin 60°$
$\qquad =12\times\frac{\sqrt{3}}{2}$
$\qquad =6\sqrt{3}(\text{cm})$

$$\therefore \overline{AB}=2\overline{AH}$$
$$\qquad =2\times6\sqrt{3}=12\sqrt{3}\,(\text{cm})$$

3 다음 그림과 같이 원의 중심을 O라고 하면 $\overline{CM}$의 연장선은 점 O를 지난다.

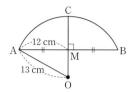

$$\overline{AM}=\overline{BM}=\frac{1}{2}\overline{AB}$$
$$\qquad =\frac{1}{2}\times24=12\,(\text{cm})$$

직각삼각형 AOM에서
$$\overline{OM}=\sqrt{13^2-12^2}$$
$$\qquad =\sqrt{25}=5\,(\text{cm})$$
$$\therefore \overline{CM}=\overline{OC}-\overline{OM}$$
$$\qquad =13-5=8\,(\text{cm})$$

4 $\overline{OM}=\overline{ON}$이므로 $\overline{AB}=\overline{AC}$
즉 △ABC는 ∠B=∠C인 이등변삼각형이므로
$$\angle B=\angle C=\frac{1}{2}\times(180°-60°)=60°$$

5 ∠OAP=∠OBP=90°이므로
$$\angle AOB+40°=180°$$
$$\therefore \angle AOB=140°$$
△OBA에서 $\overline{OA}=\overline{OB}$이므로
$$\angle OBA=\frac{1}{2}\times(180°-140°)$$
$$\qquad =20°$$

6 직각삼각형 ABC에서
$$\overline{BC}=\sqrt{15^2-9^2}$$
$$\qquad =\sqrt{144}=12\,(\text{cm})$$
다음 그림과 같이 $\overline{OF}$를 그으면 $\overline{AC}\perp\overline{OF}$, $\overline{BC}\perp\overline{OE}$이므로
□OECF는 한 변의 길이가 r cm인 정사각형이다.

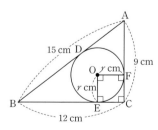

$\overline{CE}=\overline{CF}=r$ cm이므로
$$\overline{AD}=\overline{AF}$$
$$\qquad =\overline{AC}-\overline{FC}=(9-r)\text{cm}$$
$$\overline{BD}=\overline{BE}$$
$$\qquad =\overline{BC}-\overline{EC}=(12-r)\text{cm}$$
이때 $\overline{AB}=\overline{AD}+\overline{BD}$이므로

$$15=(9-r)+(12-r)$$
$$2r=6$$
$$\therefore r=3$$

7 $\overline{DP}=\overline{DB}=5$ cm이므로
$$\overline{CA}=\overline{CP}=\overline{DC}-\overline{DP}$$
$$\qquad =8-5=3\,(\text{cm})$$
다음 그림과 같이 점 C에서 $\overline{BD}$에 내린 수선의 발을 H라고 하면

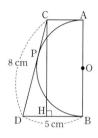

$\overline{BH}=\overline{AC}=3$ cm이므로
$$\overline{DH}=\overline{DB}-\overline{BH}$$
$$\qquad =5-3=2\,(\text{cm})$$
직각삼각형 CDH에서
$$\overline{CH}=\sqrt{8^2-2^2}$$
$$\qquad =\sqrt{60}=2\sqrt{15}\,(\text{cm})$$
$$\therefore \overline{AB}=\overline{CH}=2\sqrt{15}\ \text{cm}$$

8 다음 그림과 같이 점 O에서 $\overline{AB}$에 내린 수선의 발을 H라고 하면

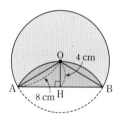

$\overline{AH}=\overline{BH}$
△OAH에서
$$\overline{OA}=8\ \text{cm},$$
$$\overline{OH}=\frac{1}{2}\times8=4\,(\text{cm})$$이므로
$$\overline{AH}=\sqrt{8^2-4^2}=\sqrt{48}=4\sqrt{3}\,(\text{cm})$$
$$\therefore \overline{AB}=2\overline{AH}$$
$$\qquad =2\times4\sqrt{3}$$
$$\qquad =8\sqrt{3}\,(\text{cm})$$

본문 40쪽

06 원주각과 중심각의 크기

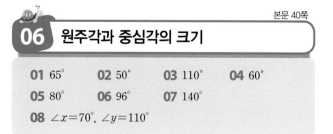

01 65°	**02** 50°	**03** 110°	**04** 60°
05 80°	**06** 96°	**07** 140°	

08 ∠x=70°, ∠y=110°

01 $\angle \text{APB} = \dfrac{1}{2} \angle \text{AOB}$

$\qquad = \dfrac{1}{2} \times 130°$

$\qquad = 65°$

$\therefore \angle x = 65°$

02 $\angle \text{APB} = \dfrac{1}{2} \angle \text{AOB}$

$\qquad = \dfrac{1}{2} \times 100°$

$\qquad = 50°$

$\therefore \angle x = 50°$

03 $\angle \text{APB} = \dfrac{1}{2} \angle \text{AOB}$

$\qquad = \dfrac{1}{2} \times 220°$

$\qquad = 110°$

$\therefore \angle x = 110°$

04 $\angle \text{AOB} = 2 \angle \text{APB}$

$\qquad = 2 \times 30°$

$\qquad = 60°$

$\therefore \angle x = 60°$

05 $\angle \text{AOB} = 2 \angle \text{APB}$

$\qquad = 2 \times 40°$

$\qquad = 80°$

$\therefore \angle x = 80°$

06 $\angle \text{AOB} = 2 \angle \text{APB}$

$\qquad = 2 \times 48°$

$\qquad = 96°$

$\therefore \angle x = 96°$

07 오른쪽 그림에서 $\overparen{\text{ACB}}$에 대한 중심각의 크기는 $360° - \angle x$이고 이것은 $\angle \text{APB}$의 크기의 2배이므로

$360° - \angle x = 2 \times 110°$

$\therefore \angle x = 140°$

08 $\angle x = \dfrac{1}{2} \times 140°$

$\qquad = 70°$

$\angle y = \dfrac{1}{2} \times (360° - 140°)$

$\qquad = 110°$

본문 41쪽

07 원주각의 성질(1)

01 $38°$　　**02** $50°$　　**03** $80°$

04 $\angle x = 50°,\ \angle y = 40°$　　**05** $\angle x = 55°,\ \angle y = 40°$

06 $\angle x = 30°,\ \angle y = 50°$

---

01 $\overparen{\text{AB}}$에 대한 원주각이므로

$\angle x = \angle \text{APB} = 38°$

02 $\overparen{\text{AB}}$에 대한 원주각이므로

$\angle x = \angle \text{APB} = 50°$

03 $\overparen{\text{AB}}$에 대한 원주각이므로

$\angle x = \angle \text{APB} = 80°$

04 $\overparen{\text{AB}}$에 대한 원주각이므로

$\angle x = \angle \text{ACB} = 50°$

$\overparen{\text{CD}}$에 대한 원주각이므로

$\angle y = \angle \text{CBD} = 40°$

05 $\overparen{\text{BD}}$에 대한 원주각이므로

$\angle x = \angle \text{BCD} = 55°$

$\overparen{\text{AC}}$에 대한 원주각이므로

$\angle y = \angle \text{ADC} = 40°$

06 $\overparen{\text{AB}}$에 대한 원주각이므로

$\angle x = \angle \text{ACB} = 30°$

$\overparen{\text{CD}}$에 대한 원주각이므로

$\angle y = \angle \text{CBD} = 50°$

본문 42쪽

08 원주각의 성질(2)

01 $90°$　　**02** $30°$　　**03** $50°$

04 BAD, 28, 90, 62　　**05** $60°$　　**06** $39°$

---

01 $\overline{\text{AB}}$가 원 O의 지름이므로

$\angle x = 90°$

02 $\overline{\text{AB}}$가 원 O의 지름이므로

$\angle \text{APB} = 90°$

따라서 $\triangle \text{PAB}$에서

$\angle x = 180° - (90° + 60°)$

$\qquad = 30°$

03 $\overline{AB}$가 원 O의 지름이므로

　　$\angle APB=90°$

　　따라서 △PAB에서

　　$\angle x=180°-(90°+40°)$

　　　　$=50°$

04 $\angle x=\boxed{\overset{\frown}{BAD}}=\boxed{28}°(\overset{\frown}{BD}$의 원주각$)$

　　$\angle ACB=\boxed{90}°$이므로

　　$\angle y=\angle ACB-\angle x$

　　　　$=90°-28°=\boxed{62}°$

05 $\overline{AB}$가 원 O의 지름이므로

　　$\angle ADB=90°$

　　또 $\overset{\frown}{AD}$에 대한 원주각이므로

　　$\angle ABD=\angle ACD=\angle x$

　　따라서 △ADB에서

　　$\angle x=180°-(90°+30°)$

　　　　$=60°$

06 $\overline{AB}$가 원 O의 지름이므로

　　$\angle ACB=90°$

　　또 $\overset{\frown}{BC}$에 대한 원주각이므로

　　$\angle CAB=\angle CDB=\angle x$

　　따라서 △ACB에서

　　$\angle x=180°-(90°+51°)$

　　　　$=39°$

본문 43쪽

09 원주각의 크기와 호의 길이

01 20　　**02** 35　　**03** 4
04 4, 23, 92, 46　　**05** 19　　**06** 10

01 한 원에서 길이가 같은 호에 대한 원주각의 크기는 서로 같다.

　　즉 $\overset{\frown}{AB}=\overset{\frown}{CD}=3$이므로

　　$\angle CQD=\angle APB=20°$

　　$\therefore x=20$

02 한 원에서 길이가 같은 호에 대한 원주각의 크기는 서로 같다.

　　즉 $\overset{\frown}{AB}=\overset{\frown}{CD}=6$이므로

　　$\angle CQD=\angle APB=35°$

　　$\therefore x=35$

03 한 원에서 크기가 같은 원주각에 대한 호의 길이는 서로 같다.

　　즉 $\angle APB=\angle BPC=40°$이므로

　　$\overset{\frown}{BC}=\overset{\frown}{AB}=4$

　　$\therefore x=4$

04 원주각의 크기와 호의 길이는 정비례하므로

　　$\overset{\frown}{AB}:\overset{\frown}{CD}=\angle APB:\angle CQD$

　　$2:\boxed{4}=\boxed{23}°:x°$

　　$2x=\boxed{92}$

　　$\therefore x=\boxed{46}$

05 원주각의 크기와 호의 길이는 정비례하므로

　　$\overset{\frown}{AB}:\overset{\frown}{BC}=\angle APB:\angle BPC$

　　$4:12=x°:57°$

　　$1:3=x:57$

　　$\therefore x=19$

06 원주각의 크기와 호의 길이는 정비례하므로

　　$\overset{\frown}{AB}:\overset{\frown}{CD}=\angle APB:\angle CPD$

　　$x:5=60°:30°$

　　$x:5=2:1$

　　$\therefore x=10$

본문 44쪽

10 원에 내접하는 사각형의 성질

01 $\angle x=95°$, $\angle y=60°$　　**02** $\angle x=80°$, $\angle y=100°$
03 $\angle x=40°$, $\angle y=140°$　　**04** 106　　**05** 120
06 80°

01 $\angle x+85°=180°$에서

　　$\angle x=95°$

　　$120°+\angle y=180°$에서

　　$\angle y=60°$

02 $100°+\angle x=180°$에서

　　$\angle x=80°$

　　$80°+\angle y=180°$에서

　　$\angle y=100°$

03 △ABD에서

　　$\angle x=180°-(72°+68°)=40°$

　　$\angle x+\angle y=180°$에서

　　$40°+\angle y=180°$

　　$\therefore y=140°$

04 원에 내접하는 사각형에서 한 외각의 크기는 그 외각에 이웃한 내각에 대한 대각의 크기와 같으므로

$\angle x = \angle A = 106°$

05 원에 내접하는 사각형에서 한 외각의 크기는 그 외각에 이웃한 내각에 대한 대각의 크기와 같으므로

$\angle x = \angle D = 120°$

06 △ABD에서

$\angle A = 180° - (45° + 55°) = 80°$

원에 내접하는 사각형에서 한 외각의 크기는 그 외각에 이웃한 내각에 대한 대각의 크기와 같으므로

$\angle x = \angle A = 80°$

본문 45쪽

11 접선과 현이 이루는 각

01 76°   **02** 36°   **03** 86°

04 $\angle x = 59°$, $\angle y = 37°$ **05** $\angle x = 28°$, $\angle y = 110°$

06 $\angle x = 60°$, $\angle y = 90°$

01 $\angle x = \angle BAT = 76°$

02 $\angle x = \angle BAT = 36°$

03 $\angle x = \angle ABC = 86°$

04 $\angle x = \angle BCA = 59°$
$\angle y = \angle CAT = 37°$

05 $\angle x = \angle CAT = 28°$
$\angle y = \angle BCA = 110°$

06 $\angle x = \angle ABC = 60°$
$\overline{AB}$가 원 O의 지름이므로
$\angle BCA = 90°$
$\therefore \angle y = \angle BCA = 90°$

핵심 반복   본문 46쪽

1 ③   **2** ④   **3** 55°   **4** ⑤

5 ⑤   **6** ⑤   **7** ②

1 $360° - \angle y = 2 \times 100° = 200°$

$\therefore \angle y = 160°$

$\therefore \angle x = \dfrac{1}{2} \angle y$

$\qquad = \dfrac{1}{2} \times 160° = 80°$

$\therefore \angle x + \angle y = 80° + 160° = 240°$

2 다음 그림과 같이 $\overline{FC}$를 그으면

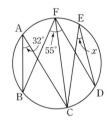

$\angle BFC = \angle BAC$, $\angle CFD = \angle CED$이므로

$\angle BFD = \angle BFC + \angle CFD$

$\qquad = \angle BAC + \angle CED$

즉, $55° = 32° + \angle x$

$\therefore \angle x = 23°$

3 $\overline{AB}$는 원 O의 지름이므로 $\angle ACB = 90°$

$\overset{\frown}{BD}$에 대하여

$\angle DCB = \angle DAB = 35°$

$\therefore \angle x = \angle ACB - \angle DCB$

$\qquad = 90° - 35°$

$\qquad = 55°$

4 $\overset{\frown}{AC} = \overset{\frown}{BD}$이므로

$\angle BCD = \angle ABC = 25°$

따라서 △PCB에서

$\angle x = \angle PCB + \angle PBC$

$\qquad = 25° + 25°$

$\qquad = 50°$

5 □ABCD가 원에 내접하므로

$\angle x + \angle ADC = 180°$

$\therefore \angle x = 180° - 100° = 80°$

$\overset{\frown}{ED}$에 대하여

$\angle ECD = \angle EAD = 20°$

△CDF에서

$\angle y = \angle FCD + \angle FDC$

$\qquad = 20° + 100°$

$\qquad = 120°$

$\therefore \angle x + \angle y = 80° + 120°$

$\qquad\qquad\quad = 200°$

6 $\overset{\frown}{BC}$에 대하여

$\angle BDC = \angle BAC = 65°$

$\therefore \angle ABE = \angle ADC$

$$= \angle ADB + \angle BDC$$
$$= 45° + 65°$$
$$= 110°$$

7 $\angle y = \angle BAT = 70°$
$\angle x = 2\angle BCA = 2 \times 70° = 140°$
$\therefore \angle x + \angle y = 70° + 140°$
$$= 210°$$

1 ⑤	**2** 25°	**3** ①	**4** 59°
5 ④	**6** ④	**7** ①	

1 다음 그림과 같이 $\overline{OP}$를 그으면

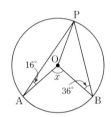

$\overline{OA} = \overline{OP}$이므로
$\angle APO = \angle PAO = 16°$
$\overline{OB} = \overline{OP}$이므로
$\angle BPO = \angle PBO = 36°$
$\angle APB = \angle APO + \angle BPO$
$$= 16° + 36°$$
$$= 52°$$
$\therefore \angle x = 2\angle APB$
$$= 2 \times 52° = 104°$$

2 $\overset{\frown}{AC}$에 대하여
$\angle ADC = \angle ABC = \angle x$
$\triangle BPC$에서
$\angle BCD = \angle BPC + \angle PBC$
$$= 30° + \angle x$$
$\triangle QCD$에서
$\angle BQD = \angle QCD + \angle QDC$이므로
$80° = (30° + \angle x) + \angle x$
$2\angle x = 50°$
$\therefore \angle x = 25°$

3 다음 그림과 같이 $\overline{AD}$를 그으면

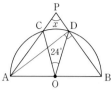

$\overline{AB}$는 반원 O의 지름이므로
$\angle ADB = 90°$
$\angle CAD = \dfrac{1}{2}\angle COD$
$$= \dfrac{1}{2} \times 24°$$
$$= 12°$$
이므로
$\triangle PAD$에서
$\angle x = 90° - 12° = 78°$

4 다음 그림과 같이 $\overline{BC}$를 그으면

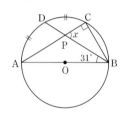

$\overline{AB}$는 원 O의 지름이므로
$\angle ACB = 90°$
또 $\overset{\frown}{AD} = \overset{\frown}{CD}$이므로
$\angle DBC = \angle ABD = 31°$
따라서 $\triangle CPB$에서
$\angle x = 180° - (90° + 31°)$
$$= 59°$$

5 다음 그림과 같이 $\overline{AC}$를 그으면

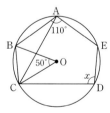

$\angle BAC = \dfrac{1}{2}\angle BOC$
$$= \dfrac{1}{2} \times 50° = 25°$$
$\therefore \angle CAE = \angle BAE - \angle BAC$
$$= 110° - 25°$$
$$= 85°$$
한편 □ACDE는 원에 내접하므로
$\angle CAE + \angle CDE = 180°$
$\therefore \angle x = 180° - 85° = 95°$

6 접선과 현이 이루는 각의 성질에 의해

$\angle CAT = \angle CBA = 125°$

$\overline{CD}$는 원의 지름이므로

$\angle CAD = 90°$

$\angle DAT = \angle CAT - \angle CAD$

$\qquad = 125° - 90° = 35°$

접선과 현이 이루는 각의 성질에 의해

$\angle ACD = \angle DAT = 35°$

7 $\angle DCP = \angle x$라고 하면

$\angle CAD = \angle DCP = \angle x$

$\triangle DCP$에서

$\angle ADC = \angle DCP + \angle DPC$

$\qquad = \angle x + 36°$

$\triangle ACD$에서 $\overline{AC} = \overline{AD}$이므로

$\angle ACD = \angle ADC = \angle x + 36°$

$\angle x + (\angle x + 36°) + (\angle x + 36°) = 180°$

$3\angle x + 72° = 180°$

$\therefore \angle x = 36°$

따라서 $\angle ADC = 36° + 36° = 72°$이고

□ABCD는 원에 내접하므로

$\angle ABC + \angle ADC = 180°$

$\therefore \angle ABC = 180° - 72°$

$\qquad = 108°$

---

(2) 원 O의 반지름의 길이를 r cm라고 하면

$\overline{OM} = (r-4)$cm

$\triangle OAM$은 직각삼각형이므로

$r^2 = 6^2 + (r-4)^2$, $8r = 52$

$\therefore r = \dfrac{13}{2}$ ⋯⋯ (나)

따라서 원 O의 반지름의 길이는 $\dfrac{13}{2}$ cm이다.

(3) 원 O의 둘레의 길이는

$2\pi \times \dfrac{13}{2} = 13\pi$(cm) ⋯⋯ (다)

채점 기준표

단계	채점 기준	비율
(가)	$\overline{AM}$의 길이를 구한 경우	30 %
(나)	원 O의 반지름의 길이를 구한 경우	50 %
(다)	원 O의 둘레의 길이를 구한 경우	20 %

2 (1) $\overline{PA}$, $\overline{PB}$는 원 O의 접선이므로

$\angle PAO = \angle PBO = 90°$ ⋯⋯ (가)

(2) □APBO에서

$\angle AOB = 360° - (90° + 30° + 90°)$

$\qquad = 150°$ ⋯⋯ (나)

(3) 색칠한 부분의 넓이는

$\pi \times 12^2 \times \dfrac{150}{360} = 60\pi$(cm²) ⋯⋯ (다)

채점 기준표

단계	채점 기준	비율
(가)	$\angle PAO$, $\angle PBO$의 크기를 구한 경우	30 %
(나)	$\angle AOB$의 크기를 구한 경우	30 %
(다)	색칠한 부분의 넓이를 구한 경우	40 %

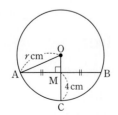 본문 48쪽

쉬운 서술형

1 (1) 6 cm (2) $\dfrac{13}{2}$ cm (3) 13π cm

2 (1) $\angle PAO = 90°$, $\angle PBO = 90°$ (2) $150°$ (3) 60π cm²

3 32 cm　　**4** $80°$

1 (1) 다음 그림에서 $\overline{OM} \perp \overline{AB}$이므로

$\overline{AM} = \dfrac{1}{2}\overline{AB}$

$\qquad = \dfrac{1}{2} \times 12$

$\qquad = 6$(cm) ⋯⋯ (가)

3 $\triangle ACP$에서

$\angle CAB = 68° - 23° = 45°$ ⋯⋯ (가)

원주각의 크기는 중심각의 크기의 $\dfrac{1}{2}$이므로

$\overset{\frown}{BC}$에 대한 중심각의 크기는 $2 \times 45° = 90°$ ⋯⋯ (나)

원의 둘레의 길이를 l cm라고 하면

$90° : 360° = 8 : l$ ⋯⋯ (다)

$\therefore l = 32$ ⋯⋯ (라)

따라서 원의 둘레의 길이는 32 cm이다.

채점 기준표

단계	채점 기준	비율
(가)	$\angle CAB$의 크기를 구한 경우	20 %
(나)	$\overset{\frown}{BC}$에 대한 중심각의 크기를 구한 경우	30 %
(다)	원의 둘레의 길이를 구하는 식을 세운 경우	30 %
(라)	원의 둘레의 길이를 구한 경우	20 %

4 $\angle AOB = 2\angle ACB$

$\qquad = 2 \times 50° = 100°$ ⸱⸱⸱⸱⸱⸱ (가)

$\overleftrightarrow{PA}$, $\overleftrightarrow{PB}$는 원 O의 접선이므로

$\angle PAO = \angle PBO = 90°$ ⸱⸱⸱⸱⸱⸱ (나)

따라서 □APBO에서

$\angle x = 360° - (90° + 100° + 90°) = 80°$ ⸱⸱⸱⸱⸱⸱ (다)

채점 기준표

단계	채점 기준	비율
(가)	$\angle AOB$의 크기를 구한 경우	40 %
(나)	$\angle PAO$, $\angle PBO$의 크기를 구한 경우	30 %
(다)	$\angle x$의 크기를 구한 경우	30 %

Ⅶ 통계

본문 50쪽

01 평균

01 4	**02** 10	**03** 90	**04** 18
05 3권	**06** 53 kg	**07** 14개	**08** 4
09 21	**10** 10		

01 (평균)$=\dfrac{1+3+5+7}{4}$

$=\dfrac{16}{4}=4$

02 (평균)$=\dfrac{8+11+2+14+15}{5}$

$=\dfrac{50}{5}=10$

03 (평균)$=\dfrac{84+92+91+94+89}{5}$

$=\dfrac{450}{5}=90$

04 (평균)$=\dfrac{20+18+14+19+20+17}{6}$

$=\dfrac{108}{6}=18$

05 (평균)$=\dfrac{2+3+4+2+4+3}{6}$

$=\dfrac{18}{6}=3$(권)

06 (평균)$=\dfrac{57+50+53+51+54}{5}$

$=\dfrac{265}{5}=53$(kg)

07 (평균)$=\dfrac{7+7+8+12+13+15+16+18+21+23}{10}$

$=\dfrac{140}{10}=14$(개)

08 평균이 4이므로

$\dfrac{3+4+5+x}{4}=4$에서

$x+12=16$

$\therefore x=4$

09 평균이 25이므로

$\dfrac{15+18+32+39+x}{5}=25$에서

$x+104=125$

$\therefore x=21$

10 평균이 9이므로

$\dfrac{11+6+x+9+5+13}{6}=9$에서

$x+44=54$

$\therefore x=10$

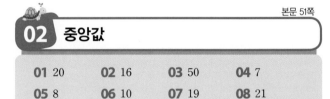

본문 51쪽

02 중앙값

01 20	**02** 16	**03** 50	**04** 7
05 8	**06** 10	**07** 19	**08** 21

01 자료의 개수가 5개이고 자료가 작은 값부터 크기순으로 나열되어 있으므로 중앙값은 3번째 자료의 값인 20이다.

02 자료의 개수가 7개이고 자료가 작은 값부터 크기순으로 나열되어 있으므로 중앙값은 4번째 자료의 값인 16이다.

03 주어진 자료를 작은 값부터 크기순으로 나열하면
10, 30, 50, 80, 90
이때 자료의 개수가 5개이므로 중앙값은 3번째 자료의 값인 50이다.

04 주어진 자료를 작은 값부터 크기순으로 나열하면
3, 5, 6, 8, 11, 13
이때 자료의 개수가 6개이므로 중앙값은 3번째와 4번째 자료의 값의 평균인 $\dfrac{6+8}{2}=7$이다.

05 자료의 개수가 4개이고 자료가 작은 값부터 크기순으로 나열되어 있으므로 중앙값은 2번째 자료의 값인 4와 3번째 자료의 값인 x의 평균이다.

즉 $\dfrac{4+x}{2}=6$이므로

$4+x=12$

$\therefore x=8$

06 자료의 개수가 6개이고 자료가 작은 값부터 크기순으로 나열되어 있으므로 중앙값은 3번째 자료의 값인 6과 4번째 자료의 값인 x의 평균이다.

즉 $\dfrac{6+x}{2}=8$이므로

$6+x=16$

$\therefore x=10$

07 자료의 개수가 6개이고 자료가 작은 값부터 크기순으로 나열
되어 있으므로 중앙값은 3번째 자료의 값인 x와 4번째 자료의
값인 25의 평균이다.

즉 $\dfrac{x+25}{2}=22$이므로

$x+25=44$

$\therefore x=19$

08 자료의 개수가 8개이고 자료가 작은 값부터 크기순으로 나열
되어 있으므로 중앙값은 4번째 자료의 값인 17과 5번째 자료
의 값인 x의 평균이다.

즉 $\dfrac{17+x}{2}=19$이므로

$17+x=38$

$\therefore x=21$

본문 52쪽

03 최빈값

01 20	**02** 10, 14	**03** 수학	**04** 12
05 2, 4, 5	**06** 8	**07** 2	**08** 3
09 13	**10** 7		

01 자료의 변량 중에서 가장 많이 나타나는 값이 20이므로 최빈
값은 20이다.

02 자료의 변량 중에서 가장 많이 나타나는 값이 10과 14이므로
최빈값은 10, 14이다.

03 자료 중에서 '수학'이 가장 많이 나타나므로 최빈값은 '수학'
이다.

04 자료의 변량 중에서 가장 많이 나타나는 값이 12이므로 최빈
값은 12이다.

05 자료의 변량 중에서 가장 많이 나타나는 값이 2와 4와 5이므
로 최빈값은 2, 4, 5이다.

06 자료의 변량 중에서 가장 많이 나타나는 값이 8이므로 최빈값
은 8이다.

07 최빈값이 2이므로 2의 개수가 가장 많아야 한다. 주어진 자료
에서 1이 2개, 2가 2개 있으므로

$x=2$

---

08 최빈값이 3이므로 3의 개수가 가장 많아야 한다. 주어진 자료
에서 1이 2개, 3이 2개 있으므로

$x=3$

09 최빈값이 12, 13의 두 개이므로 12와 13의 개수는 같다. 주어
진 자료에서 12는 2개, 13은 1개 있으므로

$x=13$

10 최빈값이 7, 10, 16의 3개이므로 7과 10과 16의 개수는 같다.
주어진 자료에서 10과 16은 각각 2개, 7은 1개 있으므로

$x=7$

본문 53쪽

04 대푯값의 비교

01 6.1권	**02** 4권	**03** 2권, 3권, 4권, 5권
04 중앙값	**05** 230 mm	**06** 225 mm
07 최빈값		

01 $(평균)=\dfrac{6+2+4+3+2+5+4+5+3+27}{10}$

$=\dfrac{61}{10}=6.1(권)$

02 주어진 자료를 작은 값부터 크기순으로 나열하면

2, 2, 3, 3, 4, 4, 5, 5, 6, 27

이므로 중앙값은 $\dfrac{4+4}{2}=4(권)$이다.

03 자료의 변량 중에서 2, 3, 4, 5는 모두 각각 2개씩으로 가장
많이 나타나는 값이므로 최빈값은 2권, 3권, 4권, 5권이다.

04 자료의 변량 중에서 매우 크거나 작은 값이 있을 경우 평균은
대푯값으로 적절하지 않고, 가장 많이 나타나는 값이 너무 여
러 개일 때 최빈값도 대푯값으로 적절하지 않다. 따라서 가장
적절한 값은 중앙값이다.

05 줄기와 잎 그림에서 15개의 변량 중에서 가운데 있는 변량은
8번째로 작은 자료인 230 mm이므로 중앙값은 230 mm이
다.

06 줄기와 잎 그림에서 변량 225 mm가 5개로 가장 많이 나타나
므로 최빈값은 225 mm이다.

07 가장 많이 팔리는 실내화를 준비해야 하므로 자료의 대푯값으
로 가장 적절한 것은 최빈값이다.

| **1** 2 | **2** ⑤ | **3** 7 | **4** B형 |
| **5** ④ | **6** 평균 | **7** 46 | |

1 제기차기 횟수의 평균이 4회이므로

$$\frac{6+1+5+8+x+2+3+5}{8}=4$$

$30+x=32$

$\therefore x=2$

2 ① 자료의 개수가 5개이므로 중앙값은 4이다.

② 자료의 개수가 6개이므로 중앙값은

$$\frac{4+5}{2}=4.5$$

③ 자료의 개수가 6개이므로 중앙값은

$$\frac{3+4}{2}=3.5$$

④ 자료의 개수가 6개이므로 중앙값은

$$\frac{3+4}{2}=3.5$$

⑤ 자료의 개수가 7개이므로 중앙값은 5이다.

따라서 중앙값이 가장 큰 것은 ⑤이다.

3 중앙값이 8이고, 자료의 개수가 6개이므로

$$\frac{x+9}{2}=8$$

$x+9=16$

$\therefore x=7$

4 도수가 가장 큰 혈액형은 B형이므로 최빈값은 B형이다.

5 (평균)$=\dfrac{5+4+3+2+49+3+2+4}{8}$

$\qquad\quad=\dfrac{72}{8}=9$(시간)

주어진 자료를 작은 값부터 크기순으로 나열하면

2, 2, 3, 3, 4, 4, 5, 49

이므로 중앙값은 $\dfrac{3+4}{2}=3.5$(시간)이다.

따라서 $A=9$, $B=3.5$

6 평균은 극단적으로 큰 자료의 값인 49시간에 영향을 많이 받으므로 평균은 대푯값으로 적절하지 않다.

7 자료의 개수가 11개이므로 중앙값은 6번째 자료의 값인 20회이다.

$\therefore a=20$

또, 11개의 변량 중에서 26회가 가장 많이 나타나므로 최빈값은 26회이다.

$\therefore b=26$

$\therefore a+b=20+26=46$

| **1** ③ | **2** ② | **3** ③ | **4** ② |
| **5** 7.5개 | **6** 84 | **7** ④ | **8** 4개 |

1 ③ 중앙값은 1개이다.

2 a, b, c, d, e의 평균이 12이므로

$$\frac{a+b+c+d+e}{5}=12$$

$\therefore a+b+c+d+e=60$

따라서 a, b, c, d, e, 6의 평균은

$$\frac{a+b+c+d+e+6}{6}=\frac{60+6}{6}=\frac{66}{6}=11$$

3 x를 제외하고 자료를 작은 값부터 크기순으로 나열하면

35, 41, 47, 54, 66, 73, 80

이다.

중앙값이 58이므로

$54<x<66$

주어진 자료를 작은 값부터 크기순으로 나열하면

35, 41, 47, 54, x, 66, 73, 80

이때 중앙값이 58이므로

$$\frac{54+x}{2}=58$$

$54+x=116$

$\therefore x=62$

4 주어진 자료의 중앙값은 16이고, 이 자료의 평균이 중앙값과 같으므로 평균은 16이다.

$$\frac{11+14+16+19+x}{5}=16$$

$60+x=80$

$\therefore x=20$

5 최빈값이 8개이므로 $x=8$이다.

주어진 자료를 작은 값부터 크기순으로 나열하면

5, 6, 7, 7, 8, 8, 8, 13

이므로 중앙값은 $\dfrac{7+8}{2}=7.5$(개)이다.

6 x를 제외한 수학 성적이 모두 다르므로 최빈값은 x점이다.

이때 수학 성적의 평균과 최빈값이 같으므로 평균은 x점이다.

(평균)$=\dfrac{86+90+76+x+84}{5}=x$

$336+x=5x$

$\therefore x=84$

7 (평균)$=\dfrac{3+4+7+5+7+4+3+7}{8}$

$\qquad\quad=\dfrac{40}{8}=5$

$\therefore A=5$

주어진 자료를 작은 값부터 크기순으로 나열하면

3, 3, 4, 4, 5, 7, 7, 7

이므로 중앙값은 $\dfrac{4+5}{2}=4.5$이다.

$\therefore B=4.5$

자료의 변량 중에서 가장 많이 나타나는 값이 7이므로 최빈값은 7이다.

$\therefore C=7$

$\therefore C>A>B$

8 3개의 자료 3, 6, x의 중앙값이 6이므로

$x \geq 6$ $\quad$ ……㉠

3개의 자료 9, 13, x의 중앙값이 9이므로

$x \leq 9$ $\quad$ ……㉡

㉠, ㉡에서 $6 \leq x \leq 9$이므로 이를 만족시키는 자연수 x의 개수는 6, 7, 8, 9의 4개이다.

본문 56쪽

05 편차

01 4, 2   **02** 30, -25

03 -10, 20   **04** -3, 2, -1

05 -15, -15, 10, 20, 평균: 20

06 -4, -2, 0, 2, 4, 평균: 5

07 5, 3, 0, -2, -6, 평균: 9

08 5, 3, 1, -1, -3, -5, 평균: 6   **09** 4

10 -6 **11** -1 **12** -4 **13** -5

14 20   **15** 55   **16** 4, 8

17 47, 41, -16 **18** 32, 5, 1, 평균: 32

19 7, 13, 1, -5, 평균: 8

01 (편차)=(변량)−(평균)이므로 표를 완성하면 다음과 같다.

변량	2	10	6	8	4
편차	-4	4	0	2	-2

02 (편차)=(변량)−(평균)이므로 표를 완성하면 다음과 같다.

변량	65	80	25	30	50
편차	15	30	-25	-20	0

03 (편차)=(변량)−(평균)이므로 표를 완성하면 다음과 같다.

변량	20	30	40	50	60
편차	-20	-10	0	10	20

04 (편차)=(변량)−(평균)이므로 표를 완성하면 다음과 같다.

변량	10	18	12	17	19	14
편차	-5	3	-3	2	4	-1

05 (평균)$=\dfrac{5+5+30+40}{4}$

$\qquad =\dfrac{80}{4}=20$

(편차)=(변량)−(평균)이므로 표를 완성하면 다음과 같다.

변량	5	5	30	40
편차	-15	-15	10	20

06 (평균)$=\dfrac{1+3+5+7+9}{5}$

$\qquad =\dfrac{25}{5}=5$

(편차)=(변량)−(평균)이므로 표를 완성하면 다음과 같다.

변량	1	3	5	7	9
편차	-4	-2	0	2	4

07 (평균)$=\dfrac{14+12+9+7+3}{5}$

$\qquad =\dfrac{45}{5}=9$

(편차)=(변량)−(평균)이므로 표를 완성하면 다음과 같다.

변량	14	12	9	7	3
편차	5	3	0	-2	-6

08 (평균)$=\dfrac{11+9+7+5+3+1}{6}$

$\qquad =\dfrac{36}{6}=6$

(편차)=(변량)−(평균)이므로 표를 완성하면 다음과 같다.

변량	11	9	7	5	3	1
편차	5	3	1	-1	-3	-5

09 편차의 합은 항상 0이므로

$-2+(-4)+2+x=0$

$-4+x=0$

$\therefore x=4$

10 편차의 합은 항상 0이므로

$1+2+3+x=0$

$6+x=0$

$\therefore x=-6$

11 편차의 합은 항상 0이므로

$x+20+(-17)+(-5)+3=0$

$x+1=0$

$\therefore x=-1$

12 편차의 합은 항상 0이므로
$2+(-3)+x+(-6)+7+4=0$
$x+4=0$
$\therefore x=-4$

13 편차의 합은 항상 0이므로
$4+(-1)+0+8+(-9)+x+3=0$
$5+x=0$
$\therefore x=-5$

14 편차의 합은 항상 0이므로
$10+40+(-30)+10+(-20)+x+(-50)+20=0$
$-20+x=0$
$\therefore x=20$

15 (편차)=(변량)−(평균)에서
(변량)=(편차)+(평균)이다.
따라서 표를 완성하면 다음과 같다.

변량	40	55	70	35
편차	−10	5	20	−15

16 (편차)=(변량)−(평균)에서
(변량)=(편차)+(평균)이다.
따라서 표를 완성하면 다음과 같다.

변량	4	10	6	8	7
편차	−3	3	−1	1	0

17 (편차)=(변량)−(평균)에서
(변량)=(편차)+(평균)이다.
따라서 표를 완성하면 다음과 같다.

변량	19	9	47	29	5	41
편차	−6	−16	22	4	−20	16

18 (편차)=(변량)−(평균)에서
(평균)=(변량)−(편차)이므로
(평균)=30−(−2)=32
따라서 표를 완성하면 다음과 같다.

변량	30	37	32	28	33
편차	−2	5	0	−4	1

19 (편차)=(변량)−(평균)에서
(평균)=(변량)−(편차)이므로
(평균)=11−3=8
따라서 표를 완성하면 다음과 같다.

변량	9	11	7	3	5	13
편차	1	3	−1	−5	−3	5

06 분산과 표준편차

01 4	**02** 1	**03** 1	**04** 10
05 2	**06** $\sqrt{2}$	**07** 4	**08** 34
09 6.8	**10** $\sqrt{6.8}$	**11** 2	**12** 30
13 6	**14** $\sqrt{6}$	**15** 8	**16** 풀이 참조
17 90	**18** 18	**19** $3\sqrt{2}$	**20** 15
21 풀이 참조	**22** 96	**23** 16	**24** 4
25 20개	**26** 50	**27** $5\sqrt{2}$개	**28** 20개
29 210	**30** $\sqrt{210}$개	**31** 가게 A	

01 $\{(편차)^2의\ 총합\}=1^2+(-1)^2+1^2+(-1)^2$
$=4$

02 $(분산)=\dfrac{\{(편차)^2의\ 총합\}}{(변량의\ 개수)}$
$=\dfrac{4}{4}=1$

03 $(표준편차)=\sqrt{(분산)}=\sqrt{1}=1$

04 $\{(편차)^2의\ 총합\}=(-2)^2+1^2+2^2+(-1)^2+0^2=10$

05 $(분산)=\dfrac{\{(편차)^2의\ 총합\}}{(변량의\ 개수)}$
$=\dfrac{10}{5}=2$

06 $(표준편차)=\sqrt{(분산)}=\sqrt{2}$

07 편차의 합은 항상 0이므로
$-2+(-1)+x+2+(-3)=0$
$-4+x=0$
$\therefore x=4$

08 $\{(편차)^2의\ 총합\}=(-2)^2+(-1)^2+4^2+2^2+(-3)^2$
$=34$

09 $(분산)=\dfrac{\{(편차)^2의\ 총합\}}{(변량의\ 개수)}$
$=\dfrac{34}{5}=6.8$

10 $(표준편차)=\sqrt{(분산)}=\sqrt{6.8}$

11 편차의 합은 항상 0이므로
$3+(-4)+0+x+(-1)=0$
$-2+x=0$
$\therefore x=2$

12 {(편차)²의 총합}$=3^2+(-4)^2+0^2+2^2+(-1)^2$
$=30$

13 (분산)$=\dfrac{\{(편차)^2의\ 총합\}}{(변량의\ 개수)}$
$=\dfrac{30}{5}=6$

14 (표준편차)$=\sqrt{(분산)}=\sqrt{6}$

15 (평균)$=\dfrac{2+9+6+8+15}{5}=\dfrac{40}{5}=8$

16 편차 및 편차의 제곱을 구하면 다음 표와 같다.

변량	2	9	6	8	15
편차	-6	1	-2	0	7
(편차)²	36	1	4	0	49

17 {(편차)²의 총합}$=36+1+4+0+49=90$

18 (분산)$=\dfrac{90}{5}=18$

19 (표준편차)$=\sqrt{18}=3\sqrt{2}$

20 (평균)$=\dfrac{10+12+19+16+12+21}{6}$
$=\dfrac{90}{6}=15$

21 편차 및 편차의 제곱을 구하면 다음 표와 같다.

변량	10	12	19	16	12	21
편차	-5	-3	4	1	-3	6
(편차)²	25	9	16	1	9	36

22 {(편차)²의 총합}$=25+9+16+1+9+36=96$

23 (분산)$=\dfrac{96}{6}=16$

24 (표준편차)$=\sqrt{16}=4$

25 (가게 A의 평균)$=\dfrac{30+20+10+15+25}{5}$
$=\dfrac{100}{5}=20$(개)

26 가게 A의 생수 판매량에 대한 편차 및 편차의 제곱을 구하면 다음과 같다.

변량(개)	30	20	10	15	25
편차(개)	10	0	-10	-5	5
(편차)²	100	0	100	25	25

$\therefore$ (가게 A의 분산)$=\dfrac{100+0+100+25+25}{5}$
$=\dfrac{250}{5}=50$

27 (가게 A의 표준편차)$=\sqrt{50}=5\sqrt{2}$(개)

28 (가게 B의 평균)$=\dfrac{35+5+10+40+10}{5}$
$=\dfrac{100}{5}=20$(개)

29 가게 B의 생수 판매량에 대한 편차 및 편차의 제곱을 구하면 다음과 같다.

변량(개)	35	5	10	40	10
편차(개)	15	-15	-10	20	-10
(편차)²	225	225	100	400	100

$\therefore$ (가게 B의 분산)$=\dfrac{225+225+100+400+100}{5}$
$=\dfrac{1050}{5}=210$

30 (가게 B의 표준편차)$=\sqrt{210}$(개)

31 가게 A의 표준편차는 $5\sqrt{2}$개, 가게 B의 표준편차는 $\sqrt{210}$개이므로 가게 A의 표준편차가 더 작다.
따라서 가게 A의 생수 판매량이 가게 B의 생수 판매량보다 더 고르다.

핵심 반복

1 ③　　　**2** -1　　　**3** 159 cm　　　**4** ①
5 $\sqrt{2}$권　　　**6** ②　　　**7** 학생 A

1 ③ 변량과 평균이 같으면 편차는 0이다.

2 편차의 합은 항상 0이므로
$-3+6+x+2+1+(-5)=0$
$1+x=0$
$\therefore x=-1$

3 (편차)=(변량)−(평균)에서
(변량)=(평균)+(편차)이므로
(서연이의 키)=$163+(-4)=159\,(\text{cm})$

4 민재가 제기차기를 한 횟수의 편차를 x회라고 하면
편차의 합은 항상 0이므로
$5+(-3)+x+1+7+(-4)=0$
$6+x=0$
$\therefore x=-6$
이때 (변량)=(편차)+(평균)이고, 평균이 30회이므로
민재가 제기차기를 한 횟수는 $-6+30=24\,(\text{회})$이다.

5 (평균)$=\dfrac{2+5+4+3+6}{5}$
$=\dfrac{20}{5}=4\,(\text{권})$

이때 변량에 대한 편차가 각각 -2권, 1권, 0권, -1권, 2권
이므로
(분산)$=\dfrac{(-2)^2+1^2+0^2+(-1)^2+2^2}{5}$
$=\dfrac{10}{5}=2$
$\therefore$ (표준편차)$=\sqrt{2}\,(\text{권})$

6 (A의 평균)$=\dfrac{5+7+3+6+4}{5}$
$=\dfrac{25}{5}=5\,(\text{점})$
이므로 변량에 대한 편차가 각각 0점, 2점, -2점, 1점, -1
점이다.
(A의 분산)$=\dfrac{0^2+2^2+(-2)^2+1^2+(-1)^2}{5}$
$=\dfrac{10}{5}=2$
$\therefore$ (A의 표준편차)$=\sqrt{2}\,(\text{점})$
또, (B의 평균)$=\dfrac{9+1+5+2+8}{5}$
$=\dfrac{25}{5}=5\,(\text{점})$
이므로 변량에 대한 편차가 각각 4점, -4점, 0점, -3점, 3
점이다.
(B의 분산)$=\dfrac{4^2+(-4)^2+0^2+(-3)^2+3^2}{5}$
$=\dfrac{50}{5}=10$
$\therefore$ (B의 표준편차)$=\sqrt{10}\,(\text{점})$

7 학생 A의 표준편차는 $\sqrt{2}$점, 학생 B의 표준편차는 $\sqrt{10}$점이므
로 학생 A의 수학 점수가 학생 B의 수학 점수보다 더 고르다.

형성 평가 형성 평가   본문 61쪽

1 ⑤	**2** 81점	**3** ⑤	**4** ④
5 6, 7	**6** ⑤	**7** ④	**8** 12

1 (평균)$=\dfrac{48+43+42+49+47+41}{6}$
$=\dfrac{270}{6}=45\,(\text{점})$
(편차)=(변량)−(평균)이므로 각 변량들의 편차는
$48-45=3\,(\text{점})$
$43-45=-2\,(\text{점})$
$42-45=-3\,(\text{점})$
$49-45=4\,(\text{점})$
$47-45=2\,(\text{점})$
$41-45=-4\,(\text{점})$
따라서 이 변량들의 편차가 아닌 것은 ⑤이다.

2 편차의 합은 항상 0이므로
$-2+x+5+(-4)+2=0$
$1+x=0 \quad \therefore x=-1$
따라서 학생 B의 성적은
$82+(-1)=81\,(\text{점})$

3 편차의 합은 항상 0이므로
$3+(-4)+x+1=0$
$\therefore x=0$
① 학생 A의 편차가 양수이면서 제일 크므로 학생 A의 SNS
사용 시간이 가장 길다.
② 학생 C의 편차가 0이고 (편차)=(변량)−(평균)이므로 학
생 C의 SNS 사용 시간은 평균과 같다.
③ (편차)=(변량)−(평균)에서 (변량)=(평균)+(편차)이므로
(학생 A의 SNS 사용 시간)=(평균)+3
(학생 D의 SNS 사용 시간)=(평균)+1
즉 학생 A가 학생 D보다 2분 더 많이 사용했다.
④ 학생 B의 편차는 음수이므로 SNS 사용 시간은 평균보다
짧다.
⑤ SNS 사용 시간이 긴 학생 순으로 나열하면 A, D, C, B
이다.
따라서 옳지 않은 것은 ⑤이다.

4 학생 E의 몸무게의 편차를 x kg이라고 하면
편차의 합은 항상 0이므로
$3+(-5)+4+0+x+1=0$
$3+x=0$
$\therefore x=-3$
(분산)$=\dfrac{3^2+(-5)^2+4^2+0^2+(-3)^2+1^2}{6}$
$=\dfrac{60}{6}=10$
$\therefore$ (표준편차)$=\sqrt{10}\,(\text{kg})$

5 $(평균)=\dfrac{(a+1)+(14-a)+11+14+15}{5}$

$\qquad\quad\ =\dfrac{55}{5}=11$

이때 표준편차가 $\sqrt{10}$이므로 분산은 10이다.

$(분산)$

$=\dfrac{(a+1-11)^2+(14-a-11)^2+(11-11)^2+(14-11)^2+(15-11)^2}{5}$

$=\dfrac{(a-10)^2+(3-a)^2+9+16}{5}$

$=\dfrac{2a^2-26a+134}{5}$

$=10$

$2a^2-26a+84=0$

$a^2-13a+42=0$

$(a-6)(a-7)=0$

$\therefore a=6$ 또는 $a=7$

6 ① $(평균)=\dfrac{7+6+11+9+14+13+5+7+8+10}{10}$

$\qquad\qquad\ =\dfrac{90}{10}=9(점)$

② 평균이 9점이므로 평균보다 높은 값의 변량은 11점, 14점, 13점, 10점의 4개이다.

③ 각 변량의 편차는 -2점, -3점, 2점, 0점, 5점, 4점, -4점, -2점, -1점, 1점이므로

$(-2)^2+(-3)^2+2^2+0^2+5^2+4^2+(-4)^2+(-2)^2+(-1)^2+1^2$

$=80$

④ $(분산)=\dfrac{80}{10}=8$

⑤ $(표준편차)=\sqrt{8}=2\sqrt{2}(점)$

따라서 옳은 것은 ⑤이다.

7 $(건우의 평균)=\dfrac{30+22+25+23}{4}$

$\qquad\qquad\qquad\ =\dfrac{100}{4}=25(회)$

이므로 변량에 대한 편차가 각각 5회, -3회, 0회, -2회이다.

따라서

$(건우의 분산)=\dfrac{5^2+(-3)^2+0^2+(-2)^2}{4}$

$\qquad\qquad\qquad\ =\dfrac{38}{4}=9.5$

이므로 $(건우의 표준편차)=\sqrt{9.5}(회)$

또, $(영재의 평균)=\dfrac{20+35+26+19}{4}$

$\qquad\qquad\qquad\ =\dfrac{100}{4}=25(회)$

이므로 변량에 대한 편차가 각각 -5회, 10회, 1회, -6회이다.

따라서

$(영재의 분산)=\dfrac{(-5)^2+10^2+1^2+(-6)^2}{4}$

$\qquad\qquad\qquad\ =\dfrac{162}{4}=40.5$

이므로 $(영재의 표준편차)=\sqrt{40.5}(회)$

① 건우와 영재의 줄넘기 횟수의 평균은 25회로 같다.

② 줄넘기 횟수에 대한 분산은 영재가 건우보다 크다.

③ 줄넘기 횟수의 분포가 더 고른 학생은 표준편차가 더 작은 건우이다.

④ 줄넘기 횟수의 표준편차는 건우가 영재보다 작으므로 건우의 줄넘기 횟수는 영재의 줄넘기 횟수보다 평균을 중심으로 모여 있다.

⑤ 줄넘기 횟수의 표준편차는 영재가 건우보다 크므로 영재의 줄넘기 횟수의 산포도가 건우의 줄넘기 횟수의 산포도보다 크다.

따라서 옳은 것은 ④이다.

8 학생 6명의 미술 실기 점수를 a점, b점, c점, d점, e점, 8점이라고 하면 평균이 8점이므로

$\dfrac{a+b+c+d+e+8}{6}=8$

$a+b+c+d+e+8=48$

$\therefore a+b+c+d+e=40$

분산이 10이므로

$\dfrac{(a-8)^2+(b-8)^2+(c-8)^2+(d-8)^2+(e-8)^2+0^2}{6}=10$

$(a-8)^2+(b-8)^2+(c-8)^2+(d-8)^2+(e-8)^2=60$

6명 중에서 점수가 8점인 학생 한 명이 빠졌을 때의 평균은

$\dfrac{a+b+c+d+e}{5}=\dfrac{40}{5}=8(점)$

따라서 분산은

$\dfrac{(a-8)^2+(b-8)^2+(c-8)^2+(d-8)^2+(e-8)^2}{5}$

$=\dfrac{60}{5}=12$

본문 62쪽

07 산점도

| 01 풀이 참조 | 02 풀이 참조 |
| 03 풀이 참조 | 04 풀이 참조 |

01 연습 시간과 실기 점수를 각각 x좌표, y좌표로 하는 점, 즉

$(3,3),(3,1),(4,2),(4,5),$

$(1,1),(2,2),(5,4),(1,4)$

를 좌표평면 위에 나타내면 다음과 같다.

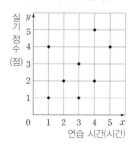

02 운동 시간과 평균 수면 시간을 각각 x좌표, y좌표로 하는 점, 즉

$(1, 7)$, $(4, 6)$, $(3, 7)$, $(2, 7)$, $(2, 6)$,

$(3, 5)$, $(1, 8)$, $(3, 6)$, $(5, 5)$

를 좌표평면 위에 나타내면 다음과 같다.

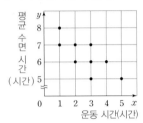

03 수학 점수와 과학 점수를 각각 x좌표, y좌표로 하는 점, 즉

$(60, 60)$, $(75, 80)$, $(65, 70)$, $(80, 75)$, $(90, 95)$,

$(70, 65)$, $(85, 85)$, $(100, 95)$, $(90, 100)$, $(95, 90)$

을 좌표평면 위에 나타내면 다음과 같다.

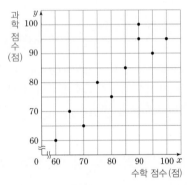

04 지출액과 저축액을 각각 x좌표, y좌표로 하는 점, 즉

$(7, 5)$, $(8, 4)$, $(9, 3)$, $(10, 3)$, $(3, 10)$, $(4, 9)$,

$(11, 3)$, $(9, 4)$, $(10, 4)$, $(5, 8)$, $(6, 6)$, $(8, 5)$

를 좌표평면 위에 나타내면 다음과 같다.

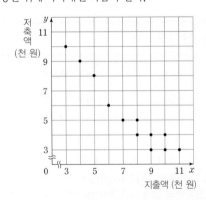

본문 63쪽

08 상관관계

01 ㄱ, ㄴ	**02** ㄷ, ㄹ	**03** ㅁ, ㅂ	**04** 양
05 음	**06** 음	**07** 양	

01 x의 값이 커짐에 따라 y의 값도 대체로 커지는 관계가 있는 산점도는 ㄱ, ㄴ이다.

02 x의 값이 커짐에 따라 y의 값이 대체로 작아지는 관계가 있는 산점도는 ㄷ, ㄹ이다.

03 양의 상관관계도 없고, 음의 상관관계도 없는 산점도는 ㅁ, ㅂ이다.

04 통학 거리가 멀어지면 등교하는 데에 걸리는 시간도 대체로 길어지는 경향이 있다고 한다. 이때 통학 거리와 등교하는 데에 걸리는 시간 사이에는 양의 상관관계가 있다.

05 주행 거리가 늘어나면 중고 자동차의 가격이 대체로 낮아지는 경향이 있다고 한다. 이때 주행 거리와 중고 자동차의 가격 사이에는 음의 상관관계가 있다.

06 물건의 가격이 비쌀수록 그 물건의 판매량이 대체로 적어지는 경향이 있다고 한다. 이때 물건의 가격과 판매량 사이에는 음의 상관관계가 있다.

07 자동차의 수가 증가할수록 공기 오염도는 대체로 높아지는 경향이 있다고 한다. 이때 자동차의 수와 공기 오염도 사이에는 양의 상관관계가 있다.

09 상관관계의 해석

본문 64쪽

01 ○	02 ×	03 ×	04 양
05 ㄷ, ㄹ	06 ㄷ, ㄹ, ㄱ, ㄴ		07 ○
08 ×	09 ×	10 ○	11 ×
12 ×	13 ○	14 ○	15 ×
16 ○			

01 〈보기〉의 산점도에서 ㄱ, ㄷ은 양의 상관관계가 있고, ㄱ의 점들이 ㄷ의 점들보다 한 직선에 가까이 몰려 있으므로 ㄱ이 ㄷ보다 강한 상관관계가 있다.

02 〈보기〉의 산점도에서 ㄴ, ㄹ은 음의 상관관계가 있고, ㄴ의 점들이 ㄹ의 점들보다 한 직선에 가까이 몰려 있으므로 ㄴ이 ㄹ보다 강한 상관관계가 있다.

03 상관관계가 없는 산점도는 ㅁ, ㅂ이다.

04 네 산점도 ㄱ, ㄴ, ㄷ, ㄹ은 모두 한 변량의 값이 커질수록 다른 변량의 값도 커지므로 양 의 상관관계가 있다.

05 ㄱ보다 점들이 한 직선에 가까이 몰려 있는 산점도는 ㄷ, ㄹ 이다.

06 점들이 한 직선에 가까이 몰려 있을 수록 상관관계가 강하므로 상관관계가 강한 것부터 차례대로 나열하면 ㄷ, ㄹ, ㄱ, ㄴ 이다.

07 A 학급 학생들의 수학 공부 시간이 많아질수록 수학 성적도 대체로 높아지므로 A 학급 학생들의 수학 공부 시간과 수학 성적 사이에는 양의 상관관계가 있다.

08 B 학급 학생들의 수학 공부 시간이 많아질수록 수학 성적도 대체로 높아지므로 B 학급 학생들의 수학 공부 시간과 수학 성적 사이에는 양의 상관관계가 있다.

09 A 학급 학생들의 수학 공부 시간과 수학 성적의 산점도는 양의 상관관계가 있으므로 양의 기울기를 갖는 직선 주위에 몰려 있다.

10 B 학급 학생들의 수학 공부 시간과 수학 성적의 산점도는 양의 상관관계가 있으므로 양의 기울기를 갖는 직선 주위에 몰려 있다.

11 A 학급과 B 학급 학생들의 수학 공부 시간과 수학 성적의 산점도를 비교하면 A 학급이 B 학급보다 점들이 한 직선에 가까이 몰려 있다. 따라서 수학 공부 시간과 수학 성적 사이의 상관관계는 A 학급이 B 학급보다 더 강하다.

12 국어 점수와 영어 점수가 같은 학생은 다음과 같이 직선 위에 있는 점의 개수와 같다.

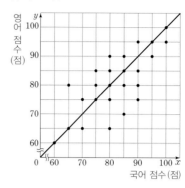

직선 위에 있는 점은
$(60, 60)$, $(65, 65)$, $(75, 75)$,
$(80, 80)$, $(85, 85)$, $(95, 95)$, $(100, 100)$
으로 7개이므로 국어 점수와 영어 점수가 같은 학생은 7명이다.

13 국어 점수가 영어 점수보다 높은 학생은 다음 그림에서 직선의 아랫 부분에 속하는 점의 개수와 같다.

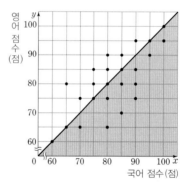

따라서 국어 점수가 영어 점수보다 높은 학생은 10명이다.

14 영어 점수가 국어 점수보다 높은 학생은 다음 그림에서 직선의 윗 부분에 속하는 점의 개수와 같다.

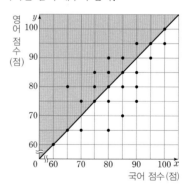

따라서 영어 점수가 국어 점수보다 높은 학생은 8명이다.

15 국어 점수가 높을수록 영어 점수도 대체로 높아지는 경향이 있다.

16 국어 점수가 높을수록 영어 점수도 대체로 높아지는 경향이 있으므로 국어 점수와 영어 점수 사이에는 양의 상관관계가 있다.

1 수학 수행평가와 지필고사 성적을 각각 x좌표, y좌표로 하는 점, 즉

(20, 75), (24, 90), (28, 95), (26, 80), (28, 85), (22, 75), (26, 90), (22, 90), (30, 100), (26, 95), (24, 85), (22, 80), (26, 85), (22, 85), (28, 90), (30, 90)

을 좌표평면 위에 나타내면 다음과 같다.

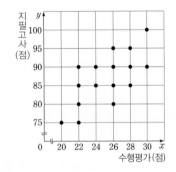

2 수학 수행평가 성적이 높을수록 수학 지필고사 성적이 대체로 [높아지므로] 수학 수행평가와 지필고사 성적 사이에는 [양]의 상관관계가 있다.

3 음원으로부터 거리가 멀어질수록 소리의 세기는 약해지므로 x의 값이 커질수록 y의 값은 작아진다. 즉 음의 상관관계가 있으므로 음의 기울기를 갖는 직선에 몰려있는 모양의 산점도가 그려진다.

4 ① (가)는 (나)보다 점들이 한 직선에 더 가까이 몰려있으므로 (가)는 (나)보다 상관관계가 강하다.
② (나)에서 x의 값이 커짐에 따라 y의 값도 대체로 커지므로 x와 y 사이에는 양의 상관관계가 있다.
③ (가)에서 x의 값이 커짐에 따라 y의 값도 대체로 커지므로 x와 y 사이에는 양의 상관관계가 있다.
따라서 옳지 않은 것은 ②이다.

5 ① 학급 A에서 휴대폰 사용 시간과 학습 시간 사이에는 음의 상관관계가 있다.
② 학급 B에서 휴대폰 사용 시간이 많을수록 학습 시간은 대체로 적어지는 경향이 있다.
③ 두 학급 A와 B 모두 휴대폰 사용 시간과 학습 시간 사이에 음의 상관관계가 있으므로 같은 경향을 가진다.
④ 학급 B에서 휴대폰 사용 시간이 가장 많은 학생의 학습 시간보다 더 적은 시간을 학습한 학생이 있다.
⑤ 학급 A의 산점도의 점들이 학급 B의 산점도의 점보다 한 직선에 더 가깝게 몰려있으므로 휴대폰 사용 시간과 학습 시간 사이의 상관관계는 학급 B보다 학급 A가 더 강하다.
따라서 옳은 것은 ⑤이다.

1 ① 산점도는 두 변량의 순서쌍을 좌표로 하는 점을 좌표평면 위에 그래프로 나타낸 것이다.
② 산점도는 두 변량 사이의 관련성을 알아보기 위한 것으로 두 자료의 평균을 정확히 비교할 수는 없다.
④ 상관관계가 있는 산점도에서 점들이 한 직선에 가까이 몰려 있을수록 상관관계가 강하다.
⑤ 점들이 x축에 평행한 직선 또는 y축에 평행한 직선에 가까이 몰려 있는 산점도는 상관관계가 없다.
따라서 옳은 것은 ③이다.

2 주어진 산점도는 x의 값이 커짐에 따라 y의 값도 대체로 커지므로 두 변량 사이에는 양의 상관관계가 있다.
⑤ 하루 중 낮의 길이가 길어질수록 밤의 길이는 짧아지므로 낮의 길이와 밤의 길이 사이에는 음의 상관관계가 있다.

3 ① 주어진 산점도에서 x좌표의 값이 170 이상인 점이 5개이므로 키가 170 cm 이상인 학생들은 5명이다.
② 키가 가장 작은 회원은 150 cm이고, 이 회원의 발 크기는 225 mm로 가장 작다.
③ 주어진 산점도에서 y좌표의 값이 235 미만인 점이 3개이므로 발 크기가 235 mm 미만인 학생은 3명이다.
④ 이 단체 회원들은 키가 클수록 발 크기가 대체로 커지므로 키와 발 크기 사이에는 양의 상관관계가 있다.
⑤ 키가 가장 큰 회원은 산점도에서 가장 오른쪽에 위치한 점, 즉 x좌표가 가장 큰 점이지만 그 점이 y좌표도 가장 큰 점은 아니므로 키가 가장 큰 회원이 발 크기도 가장 큰 회원은 아니다.
따라서 옳지 않은 것은 ⑤이다.

4 아래 그림과 같이 왼쪽 눈의 시력과 오른쪽 눈의 시력이 같은 변량을 지나는 직선을 그으면 이 자료의 대략적인 경향이 나타난다.

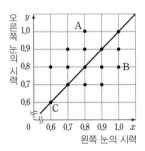

① 왼쪽 눈의 시력이 좋을수록 오른쪽 눈의 시력도 대체로 좋으므로 왼쪽 눈의 시력과 오른쪽 눈의 시력 사이에는 양의 상관관계가 있다.
② 학생 A의 왼쪽 눈의 시력은 0.8이고 오른쪽 눈의 시력은

1.0이므로 학생 A는 오른쪽 눈의 시력이 왼쪽 눈의 시력보다 더 좋다.

③ 학생 B의 왼쪽 눈의 시력은 1.0이고 오른쪽 눈의 시력은 0.8이므로 학생 B는 왼쪽 눈의 시력이 오른쪽 눈의 시력보다 더 좋다.

④ 오른쪽 눈의 시력이 가장 나쁜 학생은 C 학생이고 이 학생은 왼쪽 눈의 시력도 0.6으로 가장 나쁘다.

⑤ 왼쪽 눈과 오른쪽 눈의 시력이 같은 학생의 수는 직선 위의 점의 개수와 같으므로 5명이다.

따라서 옳은 것은 ④이다.

5

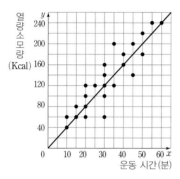

직선 위의 점들이 자전거를 탄 시간에 대해 평균적으로 소모되는 열량을 나타내므로 이 동아리 회원 중 평균적인 열량 소모량에 못 미치는 회원들의 수는 직선의 아래 쪽에 있는 점의 개수와 같으므로 6명이다.

따라서 평균적인 열량 소모량에 못 미치는 회원들은 전체의

$\dfrac{6}{24} \times 100 = 25(\%)$

本文 68쪽

1 (1) 10 (2) 8.5개 (3) 10개

2 (1) 46시간 (2) 2 (3) 48 (4) 43

3 (1) 평균 : 6시간, 표준편차 : $\sqrt{9.2}$시간
   (2) 평균 : 6시간, 표준편차 : $\sqrt{1.2}$시간 (3) 예지

4 (1) 풀이 참조 (2) 양의 상관관계

1 (1) 평균이 8개이므로

$\dfrac{5+x+6+10+9+8}{6} = 8$

$38+x = 48$

$\therefore x = 10$ ...... (가)

(2) 주어진 자료를 작은 값부터 크기순으로 나열하면

5, 6, 8, 9, 10, 10

이므로 중앙값은

$\dfrac{8+9}{2} = 8.5$(개) ...... (나)

(3) 가장 많이 나타난 값이 10이므로 최빈값은 10개이다.
...... (다)

채점 기준표

단계	채점 기준	비율
(가)	x의 값을 구한 경우	30 %
(나)	중앙값을 구한 경우	40 %
(다)	최빈값을 구한 경우	30 %

2 (1) (편차)=(변량)−(평균)이므로
(평균)=(변량)−(편차)
$=48-2=46$(시간) ...... (가)

(2) 편차의 합은 0이므로
$2+x+(-2)+1+(-3)=0$
$x-2=0$
$\therefore x=2$ ...... (나)

(3) (변량)=(평균)+(편차)이므로
$A=46+2=48$ ...... (다)

(4) $B=46+(-3)=43$ ...... (라)

채점 기준표

단계	채점 기준	비율
(가)	평균을 구한 경우	30 %
(나)	x의 값을 구한 경우	30 %
(다)	A의 값을 구한 경우	20 %
(라)	B의 값을 구한 경우	20 %

3 (1) 하린이의 수면 시간의 평균은

$\dfrac{2+7+8+3+10}{5} = \dfrac{30}{5} = 6$(시간) ...... (가)

각 변량의 편차를 구하면 −4시간, 1시간, 2시간, −3시간, 4시간이므로 하린이의 수면 시간의 분산은

$\dfrac{(-4)^2+1^2+2^2+(-3)^2+4^2}{5} = \dfrac{46}{5} = 9.2$

이므로 표준편차는 $\sqrt{9.2}$시간이다. ...... (나)

(2) 예지의 수면 시간의 평균은

$\dfrac{6+7+7+6+4}{5} = \dfrac{30}{5} = 6$(시간) ...... (다)

각 변량의 편차를 구하면 0시간, 1시간, 1시간, 0시간, −2시간이므로 예지의 수면 시간의 분산은

$\dfrac{0^2+1^2+1^2+0^2+(-2)^2}{5} = \dfrac{6}{5} = 1.2$

이므로 표준편차는 $\sqrt{1.2}$시간이다. ...... (라)

(3) 수면 시간의 표준편차를 비교하면 예지가 하린이보다 작다. 따라서 예지의 수면 시간이 더 고르다고 할 수 있다.
...... (마)

4 (1) 1차와 2차의 수학 쪽지 시험에서 맞힌 문항 수를 각각 x좌표, y좌표로 하는 점, 즉

$(4, 5)$, $(3, 4)$, $(5, 4)$, $(2, 3)$, $(3, 3)$

$(1, 2)$, $(2, 2)$, $(4, 4)$, $(1, 1)$, $(5, 5)$

를 좌표평면 위에 나타내면 다음과 같다.

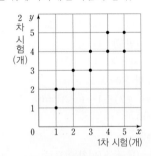

······ (가)

(2) 1차 수학 쪽지 시험에서 맞힌 문항의 개수가 커짐에 따라 2차 수학 쪽지 시험에서 맞힌 문항의 개수도 대체로 커지므로 1차와 2차 수학 쪽지 시험에서 맞힌 문항 수 사이에는 양의 상관관계가 있다. ······ (나)

MEMO

MEMO

MEMO

MEMO

중학도 EBS!

EBS중학의 무료강좌와 프리미엄강좌로 완벽 내신대비!

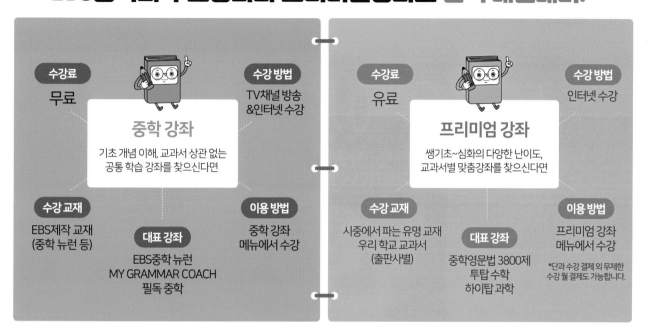

수강료
무료

수강 방법
TV채널 방송
&인터넷 수강

중학 강좌
기초 개념 이해, 교과서 상관 없는
공통 학습 강좌를 찾으신다면

수강 교재
EBS제작 교재
(중학 뉴런 등)

대표 강좌
EBS중학 뉴런
MY GRAMMAR COACH
필독 중학

이용 방법
중학 강좌
메뉴에서 수강

수강료
유료

수강 방법
인터넷 수강

프리미엄 강좌
쌩기초~심화의 다양한 난이도,
교과서별 맞춤강좌를 찾으신다면

수강 교재
시중에서 파는 유명 교재
우리 학교 교과서
(출판사별)

대표 강좌
중학영문법 3800제
투탑 수학
하이탑 과학

이용 방법
프리미엄 강좌
메뉴에서 수강

*단과 수강 결제 외 무제한
수강 월 결제도 가능합니다.

프리패스 하나면 EBS중학프리미엄 전 강좌 무제한 수강

내신 대비 진도 강좌

☑ 국어/영어: 출판사별 국어7종/ 영어9종
우리학교 교과서 맞춤강좌

☑ 수학/과학: 시중 유명 교재 강좌
모든 출판사 내신 공통 강좌

☑ 사회/역사: 개념 및 핵심 강좌
자유학기제 대비 강좌

영어 수학 수준별 강좌

☑ 영어: 영역별 다양한 레벨의 강좌
문법 5종/독해 1종/듣기 1종
어휘 3종/회화 3종/쓰기 1종

☑ 수학: 실력에 딱 맞춘 수준별 강좌
기초개념 3종/ 문제적용 4종
유형훈련 3종/ 최고심화 3종

시험 대비 / 예비 강좌

· 중간, 기말고사 대비 특강
· 서술형 대비 특강
· 수행평가 대비 특강
· 반배치 고사 대비 강좌
· 예비 중1 선행 강좌
· 예비 고1 선행 강좌

왜 EBS중학프리미엄 프리패스를 선택해야 할까요?

**현직 교사들이
직접 참여하는 강의**

**타사 대비 60% 수준의
합리적 수강료**

**프리패스 회원만을
위한 특별한 혜택**

자세한 내용은 EBS중학 > 프리미엄 강좌 > 무한수강 프리패스(http://mid.ebs.co.kr/premium/middle/index) 에서 확인할 수 있습니다.
*사정상 개설강좌, 가격정책은 변경될 수 있습니다.

중학도 EBS! 최고의 강의, 합리적인 가격
프리패스 구매 문의 : 1588-1580 / 연중무휴 EBS중학프리미엄

하루 한 장으로
규칙적인 수학 습관을 기르자!

한 장 수학

중학 수학 3(하)

정답과 풀이

예비 고등학생을 위한 **기본 수학 개념서**

50일
수학 상 하

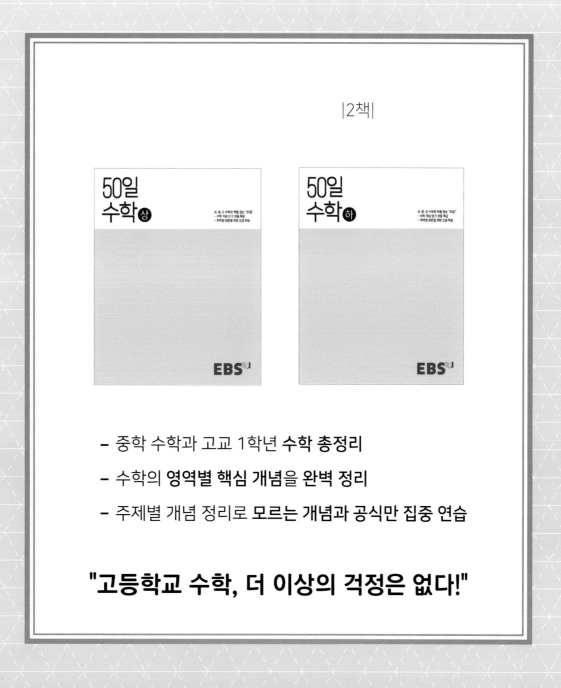

|2책|

- 중학 수학과 고교 1학년 수학 총정리

- 수학의 **영역별 핵심 개념**을 완벽 정리

- 주제별 개념 정리로 **모르는 개념과 공식만** 집중 연습

"고등학교 수학, 더 이상의 걱정은 없다!"

사뿐

중학 사회
중학 역사

사회를 한 권으로
가뿐하게!

중학 사회

①-1   ②-1   ①-2   ②-2

중학 역사

①-1   ②-1   ①-2   ②-2